《经典常谈》阅读指导

邓文贵 主编

山东科学技术出版社
·济南·

图书在版编目（CIP）数据

《经典常谈》阅读指导 / 邓文贵主编 . -- 济南：山东科学技术出版社，2023.2
ISBN 978-7-5723-1564-0

Ⅰ.①经⋯ Ⅱ.①邓⋯ Ⅲ.①阅读课 – 初中 – 教学参考资料 Ⅳ.① G634.333

中国版本图书馆 CIP 数据核字（2023）第 006701 号

《经典常谈》阅读指导
《JINGDIAN CHANGTAN》YUEDU ZHIDAO

责任编辑：孙雅臻
装帧设计：孙　佳

主管单位：	山东出版传媒股份有限公司
出　版　者：	山东科学技术出版社
	地址：济南市市中区舜耕路 517 号
	邮编：250003　电话：（0531）82098088
	网址：www.LKJ.com.cn
	电子邮件：sdkj@sdcbcm.com
发　行　者：	山东科学技术出版社
	地址：济南市市中区舜耕路 517 号
	邮编：250003　电话：（0531）82098078
印　刷　者：	济南昊之悦文化传媒有限公司
	地址：济南市经十东路 18001 号
	邮编：250220　电话：（0531）83176669

规格：16 开（184 mm×260 mm）
印张：13　字数：150 千
版次：2023 年 2 月第 1 版　印次：2023 年 2 月第 1 次印刷
定价：38.00 元

本书编委会

主　编　邓文贵

副主编　张恒利　张凯旋　李金星

编　委（以姓氏笔画为序）

　　　　于立军　王　蓉　邓文贵　刘建礼

　　　　李加军　杨　宗　张凯旋　张恒利

　　　　范　红　林　平　李金星　孟　媛

　　　　郝海生　徐　洁

前　言

　　为了激发学生的阅读兴趣，培养学生良好的阅读习惯，提高学生的语言能力、思维能力和审美能力，我们特组织一线名师等精干力量编写了这套丛书。

　　本丛书收录了12本名著的经典版本原著，根据学期时长合理规划学生的阅读时间，并在原著基础上精心设置"导读""导学"与"导练"。本丛书既有能够实现"无障碍阅读"的细致"批注"与"点评"，又有紧贴教材"阅读任务"和"专题探究"的点拨与指导，更有面向中考的真题与模拟题。相信在众多指导类读物中，这套丛书更适合初中语文名著教学。

　　我们相信有了这套丛书，广大师生在名著的教学、阅读及考试方面能获得强有力的抓手；我们期待有了这套丛书，同学们的名著阅读之旅将更加有趣、流畅与高效；我们希望有了这套丛书，同学们能养成良好的阅读习惯，会读书，读好书！让我们从这里拉开读书之幕，叩开巨著之门吧！

编　者

目 录
CONTENTS

整书概览

名家评价　/001

内容简介　/002

创作背景　/002

艺术特色　/003

作者介绍　/003

方法指导　/004

阅读规划　/006

名著导读

《说文解字》第一　/007

《周易》第二　/017

《尚书》第三　/026

《诗经》第四　/036

"三礼"第五　/044

目 录
CONTENTS

"春秋三传"第六（国语附）　/051

"四书"第七　/059

《战国策》第八　/067

《史记》《汉书》第九　/073

诸子第十　/088

辞赋第十一　/101

诗第十二　/112

文第十三　/126

附录

朱自清年谱　/147

探究指导　/157

阅读评价　/162

参考答案　/187

整书概览

名家评价

朱先生的《经典常谈》是一些古书的"切实而浅明的白话文导言"。谁要知道某书是什么，他就告诉你个什么……因这本书的导引，去接触古书，就像预先看出了地图跟地理志，虽然到的地方是个新地方，却能头头是道。

——现代作家、教育家叶圣陶

先生一向在发扬、介绍、修正、推进我国传统文化上做功夫，虽说一点一滴、一瓶一钵，却朴实无夸，极其切实。再加上一副冲淡夷旷的笔墨，往往能把顶笨重的事实或最繁复的理论，处分得异常轻盈生动，使人读了先生的文章，不惟忘倦，且可不费力地心领神会。这本《经典常谈》就是我这话一个确切的明证。

——当代历史学家、知名学者吴小如

著名学者、文学家朱自清这本《经典常谈》，介绍讲解中国传统文化的基本知识，是学习传统文化典籍（也叫国学）的入门书，打基础书，又是极有学术分量的书。

书中随处可见那一时代学者共有的严谨的治学方法，并不时闪现真知灼见。他的文化观、历史观，不拘守一家之说，新旧兼容，通达平和，足以给后学者有益的启示。

——当代古典文学研究家、编审钱伯城

《经典常谈》一书以现代的、科学的学术观念研究传统典籍，见解精辟，文笔优美，通俗流畅，深入浅出，是读者了解中国古代文化典籍的经典指南，也是国学入门书。

——主编

 内容简介

《经典常谈》是现代作家、学者朱自清先生在20世纪30年代末到40年代初为中学生撰写的一部介绍我国古代文学、历史、哲学经典的启蒙读物。全书共13篇，按照历史发展的脉络，梳理了包括《说文解字》《周易》《尚书》《诗经》"三礼""春秋三传""四书"《战国策》《史记》《汉书》、诸子、辞赋、诗、文等经典内容。

 创作背景

当朱自清写《经典常谈》时，"新文学"与"新文化"已经站稳脚跟，开始担负起参与"抗战救国"的历史责任。因此，曾经对于传统经典持激烈批判态度的"新文化人"也转向表彰其间的积极因素，肯定其在"国民教育"中作为"文化训练"载体的重要作用。但态度调整并非简单的立场反复，"新文化人"依旧是在当初"新文化运动"的延长线上完成对于传统的接纳的。

《经典常谈》虽是一本小书，但昭示的是"新文化人"自我演进的大道。朱自清凭借其站在思想史、学术史、文学史与教育史的多重背景的交汇处,为"新文化人"应当如何回应这一问题成功地"发凡起例"。

艺术特色

(一)内容精辟通俗

朱自清的传统文化研究,不只注意学术的高度和深度,更注意大众所能接受的广度。他时时留意《经典常谈》是一本写给中学生看的书,格外重视这本书的普及性和通俗性。全书不夸奇炫博,不故作高深,读起来明快利落、不蔓不枝。

(二)语言流利畅达

不"板着脸说话",也不平铺直叙,而是以流利畅达的语言娓娓道来,常有引人入胜之处。

作者介绍

朱自清(1898—1948),原名自华,字佩弦,号秋实;后改名自清。原籍浙江绍兴,生于江苏省东海县,因世代居住于扬州,自称扬州人。朱自清是现代著名的散文家、诗人、学者、教育家,杰出的民主战士,毕业于北京大学哲学系,曾留学英国,专攻语言学和英国文学,后任清华大学教授、西南联大中文系主任。

朱自清最为人知的是散文的艺术成就,其散文朴素缜密,清隽沉郁,语言洗练,文笔清丽,极富真情实感,以独特的美文艺术风格,为中国现代散文增添了瑰丽的色彩,创造了具有民族特色的散文体制和风格,曾被誉为"白话美文的模范"。先生在诗歌理论、古典文学、新文学史和语文教育等领域也都有很高的成就。

《经典常谈》阅读指导

主要作品有诗文集《雪朝》《背影》《踪迹》《春》《欧游杂记》《你我》等，学术论著有《精读指导举隅》《略读指导举隅》《国文教学》《新诗杂话》《诗言志辨》《经典常谈》等。

 **方法指导**

（一）选择性阅读

选择性阅读是一种理性的、目的性很强的阅读方式，它往往与阅读者的兴趣、目的密不可分。我国古代学者很重视选择性阅读。苏轼就曾说"书富如入海，百货皆有，人之精力，不能兼收尽取"，所以他建议读书求学之人"每次作一意求之"（《又答王庠书》），也就是每次阅读只关注某一方面的内容，不贪多求全。我们今天所处的时代是一个信息爆炸的时代，知识增长的速度大大超过个人的接受速度，引发了学习方式的变革，选择性阅读也变得更加重要。

（二）如何进行选择性阅读

1.选择自己最感兴趣的部分作为切入点

读整本书，特别是读大部头或内容涉及面较广的作品时，不见得所有的内容都能引起你的兴趣，这时不妨首先选择自己最感兴趣的部分作为切入点。例如，读《经典常谈》时，如果对古代文学感兴趣，可以先读《诗第十二》《文第十三》两篇；如果对历史感兴趣，则可以从《〈战国策〉第八》《〈史记〉〈汉书〉第九》读起。当然，在重点阅读自己感兴趣的部分的同时，也可以注意寻找新的兴趣点，由此扩展到其他部分，进而阅读整本书。比如，在读《文第十三》的过程中，对战国时期的说客产生了兴趣，那就不妨回过头去读对这个群体有着更详细介绍的《〈战国策〉第八》。

004

2.带着某个具体目的去阅读

有时,我们是带着某个具体目的去阅读的,如与课内学习沟通衔接,或解决学习过程中遇到的某个问题,或为正在开展的研究打开思路、寻找资料,等等。这种情况下,可以直接根据目的选择书中你最需要的内容来阅读。比如,学过《〈诗经〉二首》之后,你希望拓展了解关于《诗经》的更多知识,就可以去读《经典常谈》中的《〈诗经〉第四》;又如你正在与同学开展以汉字文化为主题的研究性学习,就可以去读《经典常谈》中的《〈说文解字〉第一》。

3.浏览目录

为了更好地进行选择性阅读,需要首先对全书的内容和结构有所了解,最简便的方式就是浏览目录。比如《经典常谈》,从目录就能知道,全书13篇,每篇谈一种或一类经典,这样就可以根据兴趣或目的加以选择。但有些书的目录没有提供足够的信息,这就需要先大致浏览全书,了解概貌,再选择感兴趣的或有需要的部分来精读。

(三)综合使用多种阅读方法

下面的阅读方法也可选择性使用。

圈点法:阅读时勾画摘抄、做读书笔记等。

批注法:通过批注精彩片段,提出关注问题,品味独特的语言。

复述法:读完一部书籍的介绍,合上书,在脑海中将主要内容回顾一遍。

分类法:在阅读后进行主题分类。

质疑法:就整本书阅读提出有价值的问题,循着问题探究,使阅读走向深入。

阅 读 规 划

《经典常谈》阅读规划

● 阅读者：_____

● 建议阅读时长：2 周

● 阅读时间：____月____日—____月____日

● 阅读进度表

日期		阅读内容	阅读成果	自我评价	家长签字
第一周	周一	序 《说文解字》第一			
	周二	《周易》第二			
	周三	《尚书》第三			
	周四	《诗经》第四			
	周五	"三礼"第五			
	周六	"春秋三传"第六			
	周日	"四书"第七			
第二周	周一	《战国策》第八			
	周二	《史记》《汉书》第九			
	周三	诸子第十			
	周四	辞赋第十一			
	周五	诗第十二			
	周六	文第十三			
延时阅读	周日				
备注：阅读成果指摘抄、背诵、圈点、批注、画思维导图等。					

名著导读

《说文解字》第一

 导读提示

提起《说文解字》我们就感到非常的神秘，自然会想起"仓颉造字"的传说。本文从"仓颉造字"说起，以"秦"为界，谈了秦以前文字的发生和演变，秦以后书体的演变。里面有对《说文解字》和"六书"的详细解说，对我们了解文字学有很大的帮助。

中国文字相传是黄帝的史官叫仓颉的造的。**这仓颉据说有四只眼睛，他看见了地上的兽蹄儿鸟爪儿印着的痕迹，灵感涌上心头，便造起文字来。** 文字的

> **☆ 批注**
>
> 仓颉造字的灵感来自兽蹄鸟爪的痕迹，文字就是人类文化留下的痕迹。

作用太伟大了，太奇妙了，造字真是一件神圣的工作。但是文字可以增进人的能力，也可以增进人的巧诈。仓颉泄漏了天机，却将人教坏了。所以他造字的时候，"天雨粟，鬼夜哭。"人有了文字，会变机灵

《经典常读》阅读指导

了,会争着去作那容易赚钱的商人,辛辛苦苦去种地的便少了。天怕人不够吃的,所以降下米来让他们存着救急。鬼也怕这些机灵人用文字来制他们,所以夜里嚎哭;文字原是有巫术的作用的。但仓颉造字的传说,战国末期才有。那时人并不都相信;如《易·系辞》里就只说文字是"后世圣人"造出来的。这"后世圣人"不止一人,是许多人。我们知道,**文字不断地在演变着;说是一人独创,是不可能的。**《系辞》的话自然合理得多。

> **批注**
>
> 剑正了人们头脑中存在的仓颉一人造字的说法。造字应是"后世圣人"中的许多人,这样的说法合理得多。

"仓颉造字说"也不是凭空起来的。**秦以前是文字发生与演化的时代,字体因世因国而不同,官书虽是系统相承,民间书却极为庞杂。** 到了战国末期,政治方面,学术方面,都感到统一的需要了,鼓吹的也有人了;文字统一的需要,自然也在一般意识之中。这时候抬出一个造字的圣人,实在是统一文字的预备工夫,好教人知道"一个"圣人造的字当然是该一致的。《荀子·解蔽篇》说,"好书者众矣,而仓颉独传者,一也","一"是"专一"的意思,这儿只说仓颉是个整理文字的专家,并不曾说他是造字的人;可见得那时"仓颉造字说"还没有凝成定型。但是,仓颉究竟是什么人呢?**照近人的解释,"仓颉"的字音近于"商契",造字的也许指的是商契。** 商契是商民族的祖宗。"契"有"刀刻"的义;古代用刀笔刻字,文字有"书契"的名称。 可能因为这点联系,商契便传为造字的圣

> **批注**
>
> 这句话至关重要,概括了秦以前文字的特点,是文字"发生与演化"的时代。

> **批注**
>
> 照应上文,对"仓颉"与"商契"间的关系进行解说,增加读者的认知。

008

名著导读

人。 事实上商契也许和造字全然无涉，但这个传说却暗示着文字起于夏商之间。这个暗示也许是值得相信的。至于仓颉是黄帝的史官，始见于《说文序》。"仓颉造字说"大概凝定于汉初，那时还没有定出他是哪一代的人；《说文序》所称，显然是后来加添的枝叶了。

识字是教育的初步。《周礼·保氏》说贵族子弟八岁入小学，先生教给他们识字。秦以前字体非常庞杂，贵族子弟所学的，大约只是官书罢了。秦始皇统一了天下，他也统一了文字；小篆成了国书，别体渐归淘汰，识字便简易多了。这时候贵族阶级已经没有了，所以渐渐注重一般的识字教育。到了汉代，考试史、尚书史（书记秘书）等官儿，都只凭识字的程度；识字教育更注重了。识字需要字书。**相传最古的字书是《史籀篇》，是周宣王的太史籀作的。** 这部书已经佚去，但许慎《说文解字》里收

☆ 批注

字书《史籀篇》是为识字所作的，是秦始皇以前秦国的字书。

了好些"籀文"，又称为"大篆"，字体和小篆差不多，和始皇以前三百年的碑碣器物上的秦篆简直一样。所以现在相信这只是始皇以前秦国的字书。"史籀"是"书记必读"的意思，只是书名。不是人名。

始皇为了统一文字，教李斯作了《仓颉篇》七章，赵高作了《爰历篇》六章，胡母敬作了《博学篇》七章。所选的字，大部分还是《史籀篇》里的，但字体以当时通用的小篆为准，便与籀文略有不同。这些是当时官定的标准字书。有了标准字书，文字统一就容易进行了。汉初，教书先生将这三篇合为一书，单称为《仓颉篇》。秦代那三种字书都不传了；汉代这个《仓颉篇》，现在残存着一部分。西汉时期还有些人作了些字书，所选的字大致和这个《仓颉篇》差不多。其中只

009

《经典常读》阅读指导

有史游的《急就篇》还存留着。《仓颉》残篇四字一句，两句一韵。《急就篇》不分章而分部，前半三字一句，后半七字一句，两句一韵；所收的都是名姓、器物、官名等日常用字，没有说解。这些书和后世"日用杂字"相似，按事类收字——所谓分章或分部，都据事类而言。这些一面供教授学童用，一面供民众检阅用，所收约三千三百字，是通俗的字书。

☆ 批注

介绍西汉存留下来的字书《急就篇》，这是按事类收字的通俗字书。

东汉和帝时，有个许慎，作了一部《说文解字》。这是一部**划时代**的字书。经典和别的字书里的字，他都搜罗在他的书里，所以有九千字。而且小篆之外，兼收籀文、"古文"；"古文"是鲁恭王所得孔子宅"壁中书"及张仓所献《春秋左氏传》的字体，大概是晚周民间的别体字。许氏又分析偏旁，定出部首，将九千字分属五百四十部首。书中每字都有说解，用晚周人作的《尔雅》，扬雄的《方言》，以及经典的注文的体例。这部书意在帮助人通读古书，并非只供通俗之用，和秦代及西汉的字书是大不相同的。它保存了小篆和一些晚周文字，让后人可以溯源沿流；现在我们要认识商周文字，探寻汉以来字体演变的轨迹，都得凭这部书。而且不但研究字形得靠它，研究字音字义也得靠它。研究文字的形音义的，以前叫"小学"，现在叫文字学。从前学问限于经典，所以说研究学问必须从小学入手；现在学问的范围是广了，但要研究古典、古史、古文化，也还得从文字学入手。《说文解字》是文字学的古典，又是一切古典的工具或门径。

☆ 批注

"划时代"说明该书在历史上的重要地位。

☆ 批注

从作用和价值等方面解说《说文解字》。

名著导读

《说文序》提起出土的古器物，说是书里也搜罗了古器物铭的文字，便是"古文"的一部分，但是汉代出土的古器物很少；而拓墨的法子到南北朝才有，当时也不会有拓本，那些铭文，许慎能见到的怕是更少。所以他的书里还只有秦篆和一些晚周民间书，再古的可以说是没有。到了宋代，古器物出土的多了，拓本也流行了，那时有了好些金石图录考释的书。"金"是铜器，铜器的铭文称为金文。铜器里钟鼎最是重器，所以也称为钟鼎文。这些铭文都是记事的。而宋以来发现的铜器大都是周代所作，所以金文多是两周的文字。清代古器物出土的更多，而光绪二十五年（西元一八九九）河南安阳发现了商代的甲骨，尤其是划时代的。**甲是龟的腹甲，骨是牛胛骨。 商人钻灼甲骨，以卜吉凶，卜完了就在上面刻字纪录。 这称为甲骨文，又称为卜辞，是盘庚（约西元前一三〇〇）以后的商代文字。** 这大概是最古的文字了。甲骨文、金文，以及《说文》里所谓"古文"，还有籀文，现在统统算作古文字，这些大部分是文字统一以前的官书。甲骨文是"契"的；金文是"铸"的。铸是先在模子上刻字，再倒铜。**古代书写文字的方法除"契"和"铸"外，还有"书"和"印"，因用的材料而异。**

> ☆ 批注
>
> 甲骨文，原来如此。读到这里，我们有豁然开朗的感觉。

> ☆ 批注
>
> 你能区分古代书写文字的几种方法吗？

"书"用笔，竹木简以及帛和纸上用"书"。"印"是在模子上刻字，印在陶器或封泥上。古代用竹木简最多，战国才有帛；纸是汉代才有的。笔出现于商代，却只用竹木削成。竹木简、帛、纸，都容易坏，汉以前的，已经荡然无存了。

《经典常谈》阅读指导

造字和用字有六个条例，称为"六书"。"六书"这个总名初见于《周礼》，但六书的各个的名字到汉人的书里才见。一是"象形"，象物形的大概，如"日""月"等字。二是"指事"，用抽象的符号，指示那无形的事类，如"二"（上）"二"（下）两个字，短画和长画都是抽象的符号，各代表着一个物类。"二"指示甲物在乙物之上，"二"指示甲物在乙物之下。这"上"和"下"两种关系便是无形的事类。又如"刃"字，在"刀"形上加一点，指示刃之所在，也是的。三是"会意"，会合两个或两个以上的字为一个字，这一个字的意义是那几个字的意义积成的，如"止""戈"为"武"，"人""言"为"信"等。四是"形声"，也是两个字合成一个字，但一个字是形，一个字是声；形是意符，声是音标。如"江""河"两字，"氵"（水）是形，"工""可"是声。但声也有兼义的。如"浅""钱""贱"三字，"水""金""贝"是形，同以"戋"为声；但水小为"浅"，金小为"钱"，贝小为"贱"，三字共有的这个"小"的意义，正是从"戋"字来的。**象形、指事、会意、形声，都是造字的条例；形声最便，用处最大，所以我们的形声字最多。**

五是"转注"，就是互训。两个字或两个以上的字，意义全部相同或一部相同，可以互相解释的，便是转注字，也可以叫作同义字。如"考""老"等字，又如"初""哉""首""基"等字；前者同形同部，后者不同形不同部，却都可以"转注"。同义字的孳生，大概是各地方言不同和古今语言演变的缘

☆批注

"造字"条例有象形、指事、会意和形声四种；"用字"条例有假借和转注两种。

☆批注

用翔实的例子，介绍象形、指事、会意和形声四种造字法。

☆批注

介绍"转注"的含义、类型和产生的原因。

名著导读

故。　六是"假借"，语言里有许多有音无形的字，借了别的同音的字，当作那个意义用。如代名词，"予""汝""彼"等，形况字"犹豫""孟浪""关关""突如"等，虚助字"于""以""与""而""则""然""也""乎""哉"等，都是假借字。又如"令"，本义是"发号"，借为县令的"令"；"长"本义是"久远"，借为县长的"长"。"县令""县长"是"令""长"的引申义。假借本因有音无字，但以后本来有字的也借用别的字。所以我们现在所用的字，本义的少，引申义的多，一字数义，便是这样来的。这可见假借的用处也很广大。但一字借成数义，颇不容易分别。**晋以来通行了四声，这才将同一字分读几个音，让意义分得开些。如"久远"的"长"平声，"县长"的"长"读上声之类。这样，一个字便变成几个字了。**转注、假借都是用字的条例。

> ☆批注
> "四声"能将同一个字分读几个音，让意义分开。

象形字本于图画。初民常以画记名，以画记事；这便是象形的源头。但文字本于语言，语言发于声音，以某声命物，某声便是那物的名字。这是"名"；"名"该只指声音而言。画出那物形的大概，是象形字。"文字"与"字"都是通称；分析的说，象形的字该叫做"文"，"文"是"错画"的意思。"文"本于"名"，如先有"日"名，才会有"日"这个"文"，"名"就是"文"的声音。但物类无穷，不能一一造"文"，便只得用假借字。**假借字以声为主，也可以叫做"名"。一字借为数字，后世用四声分别，古代却用偏旁分别，这便是形声字。**如"囟"本象箕形，是"文"，它的"名"是"ㄐ"。而日期的"期"，旗帜的"旗"，麒麟的"麒"等，在语言中与"囟"同声，却无专字，便都借用

> ☆批注
> 说明了偏旁在文字中的作用。

013

"丞"字。后来才加"月"为"期",加"圹"为"旗",加"鹿"为"麒",一个字变成了几个字。严格地说,形声字才该叫做"字","字"是"孳乳而渐多"的意思。象形有抽象作用,如一画可以代表任何一物,"二"(上)、"二"(下)、"一"、"二"、"三"其实都可以说是象形。象形又有指示作用,如"刀"字上加一点,表明刃在那里。这样,旧时所谓指事字其实都可以归入象形字。象形还有会合作用,会合两个或两个以上的分子,表示一个意义;那么,旧时所谓会意字其实也可以归入象形字。但会合成功的不是"文",也该是"字"。**象形字、假借字、形声字,是文字发展的逻辑的程序,但甲骨文里三种字都已经有了。 这里所说的程序,是近人新说,和"六书说"颇有出入。** 六书说原有些不完备不清楚的地方,新说加以补充修正,似乎更可信些。

> ☆ 批注
> 近人新说对"六书说"加以补充修正,更为合理可信。

秦以后只是书体演变的时代。 演变的主因是应用, 演变的方向是简易。 始皇用小篆统一了文字,不久便又有了"隶书"。当时公事忙,文书多,书记虽遵用小篆,有些下行文书,却不免写得草率些。日子长了,这样写的人多了,便自然而然成了一体,称为"隶书";因为是给徒隶等下级办公人看的。这种字体究竟和小篆差不多。到了汉末,才渐渐变了,椭圆的变为扁方的,"敛笔"变为"挑笔"。这是所谓汉隶,是隶书的标准。晋唐之间,又称为"八分书"。汉初还有草书,从隶书变化,更为简便。这从清末以来在新疆和敦煌发现的汉晋间的木简里最能见出。这种草书,各字分开,还带着挑笔,称为"章草"。魏晋之际,又嫌挑笔费事,改为敛笔,

> ☆ 批注
> 介绍书体演变的主因和方向。文字就是应用的,越简易,使用起来越方便。

字字连书，以一行或一节为单位。这称为"今草"。隶书方整，去了挑笔，又变为"正书"。这起于魏代。晋唐之间，却称为"隶书"，而称汉隶为"八分书"。晋代也称为"楷书"。宋代又改称为"真书"。正书本也是扁方的，到陈隋的时候，渐渐变方了。到了唐代，又渐渐变长了。这是为了好看。**正书简化，便成"行书"，起于晋代。** 大概正书不免于拘，草书不免于放，行书介乎两者之间，最为适用。但现在还通用着正书，而辅以行草。一方面却提倡民间的"简笔字"，将正书行书再行简化；这也还是求应用便利的缘故。

> ☆ 批注
>
> "汉隶""章草""今草""楷书""行书"等书体，你能识别出来吗？

参考资料：

- 《说文解字》叙
- 容庚《中国文字学》
- 陈梦家《中国文字学》稿本

 **名师点评**

中国的汉字真是奇妙无穷，神秘无比。作者娓娓道来，如数家珍，带我们在文字森林中畅游了一番。让我们知道了"官书"的系统相承和"民间书"的庞杂，知道了通俗字书和划时代的字书《说文解字》，知道了"六书"条例分为"造字"条例和"用字"条例，知道了秦之前是文字发生与演变的时代，秦以后是书体演变的时代。

知道了文字学的相关知识，以后阅读经典是否又多了一条解读经典的路径呢？

015

《经典常谈》阅读指导

📖 阅读思考

1.列举你所知道的字书,并指出划时代字书的价值。

2.说出"六书"的内容并各举一例。

《周易》第二

 导读提示

"易"，简易的意思。什么简易？筮法简易。因为卦数一定，每卦每爻的辞又是一定的，检查起来，引申推论起来，自然就"简易"。这只是当时的卜筮官如此认为而已。到了后世，筮法久已失传，有些卦爻辞简直就看不懂了，简直变成了"难"。现在我们提起《周易》，还是感觉是一门非常深奥的学问。

在人家门头上，在小孩的帽饰上，我们常见到八卦那种东西。八卦是圣物；放在门头上，放在帽饰里，是可以辟邪的。辟邪还只是它的小神通；它的大神通在能够因往知来，预言吉凶。算命的、看相的、卜课的，都用得着它。他们普通只用五行生克的道理就够了，但要详细推算，就得用阴阳和八卦的道理。八卦及阴阳五行和我们非常熟习；这些道理直到现在还是我们大部分人的信仰；我们大部分人的日常生

《经典常谈》阅读指导

活不知不觉之中教这些道理支配着。行人不至，谋事未成，财运欠通，婚姻待决，子息不旺，乃至种种疾病疑难，许多人都会去求签问卜，算命看相，可见影响之大。**讲五行的经典，现在有《尚书·洪范》；讲八卦的便是《周易》。**

> **☆ 批注**
>
> 《尚书》和《周易》两书各有其用，一讲五行，一讲八卦。此处为后面的《〈尚书〉第三》也做了一个小小的铺垫。

八卦相传是伏羲氏画的。**另一个传说却说不是他自出心裁画的。** 那时候有匹龙马从黄河里出来，背着一幅图，上面便是八卦，伏羲只照着描下来罢了。

> **☆ 批注**
>
> "河图""洛书"的传说，读来非常生动，增加了"谈"的趣味性。

但这因为伏羲是圣人，那时代是圣世，天才派了龙马赐给他这件圣物。 所谓"河图"，便是这个。 那讲五行的洪范，据说也是大禹治水时在洛水中从一只神龟背上得着的，也出于天赐。 所谓"洛书"，便是那个。 但这些神怪的故事显然是八卦和五行的宣传家造出来抬高这两种学说的地位的。伏羲氏恐怕压根儿就没有这个人，他只是秦汉间儒家假托的圣王。至于八卦，大概是有了筮法以后才有的。**商民族是用龟的腹甲或牛的胛骨卜吉凶，他们先在甲骨上钻一下，再用火灼；甲骨经火，有裂**

> **☆ 批注**
>
> 用极为简明的语言介绍了龟甲占卜的方法和卜辞的由来。

痕，便是兆象，卜官细看兆象，断定吉凶；然后便将卜的人、卜的日子、卜的问句等用刀笔刻在甲骨上。 这便是卜辞。 卜辞里并没有阴阳的观念，也没有八卦的痕迹。

卜法用牛骨最多，用龟甲是很少的。商代农业刚起头，游猎和畜牧还是主要的生活方式。那时牛骨头不缺少，到了周代，渐渐脱离游

018

牧时代，进到农业社会了。牛骨头便没有那么容易得了。这时候却有了筮法，作为卜法的辅助。筮法只用些蓍草，那是不难得的。蓍草是一种长寿草，古人觉得这草和老年人一样，阅历多了，知道的也就多了，所以用它来占吉凶。**筮的时候用它的杆子；方法已不能详知，大概是数的。** 取一把蓍草，数一下看到什么数目，看是奇数还是偶数，也许这便可以断定吉凶。古代人看见数目整齐而又有变化，认为是神秘的东西。数目的连续、循环以及奇偶，都引起人们的惊奇。**那时候相信数目是有魔力的，所以巫术里用得着它。** ——我们一般人直到现在，还嫌恶奇数，喜欢偶数，该是那些巫术的遗迹。那时候又相信数目是有道理的，所以哲学里用得着它。我们现在还说，凡事都有定数，这就是前定的意思；这是很古的信仰了。人生有数，世界也有数，数是算好了的一笔账；用现在的话说，便是机械的。数又是宇宙的架子，如说**太极生两仪，两仪生四象**，就是一生二、二生四的意思。筮法可以说是一种巫术，是靠了数目来判断吉凶的。

> ☆ 批注
>
> "不能详知""大概"等词，体现了作者表述的严谨。

> ☆ 批注
>
> 巫术靠数目来判断吉凶，相信数目的魔力。而哲学中也会用到数目，《周易》后来在儒家那里哲学化也就不奇怪了。

> ☆ 批注
>
> 这个说法出自《易·系辞》。太极是混沌的元气，两仪是天地，四象是日月星辰。

　　八卦的基础便是一二三的数目。整画"——"是一；断画"————"是二；三画叠而成卦是三。 这样配出八个卦，便是 ☰ ☱ ☲ ☳ ☴ ☵ ☶ ☷；乾、兑、离、震、艮

> ☆ 批注
>
> 八卦的基础是一二三的数目，卦数是算学里错列和组合的结果。

【艮：gèn，八卦之一，卦形是"☶"，代表山。】、坎、巽【巽：xùn，八卦

之一，卦形为"☴"，代表风。】、坤，是这些卦的名字。 那整画断画的排列，也许是排列着蓍草时触悟出来的。 八卦到底太简单了，后来便将这些卦重起来，两卦重作一个，按照算学里错列与组合的必然，成了六十四卦，就是《周易》里的卦数。 蓍草的应用，也许起于民间；但八卦的创制，六十四卦的推演，巫与卜官大约是重要的角色。古代巫与卜官同时也就是史官，一切的记载，一切的档案，都掌管在他们的手里。他们是当时知识的权威，参加创卦或重卦的工作是可能的。

筮法比卜法简便得多，但起初人们并不十分信任它。直到春秋时候，还有"筮短龟长"的话。**那些时代，大概小事才用筮，大事还得用卜的。**

> ☆ 批注
>
> 　　筮、卜各司其职，用途不一样。看来，占卜是比较庄重的事情。

筮法袭用卜法的地方不少。**卜法里的兆象，据说有一百二十体，每一体都有十条断定吉凶的"颂"辞。 这些是现成的辞。** 但兆象是自然的灼出来的，有时不能凑合到那一百二十体里去，便得另造新辞。 筮法里的六十四卦，就相当于一百二十体的兆象。 那断定吉凶的辞，原叫作繇辞，"繇"是抽出来的意思。《周易》里一卦有六画，每画叫作一爻——六爻的次序是由下向上数的。繇辞有属于卦的总体的，有属于各爻的；所以后来分称为卦辞和爻辞。这种卦爻辞也是卜筮官的占筮纪录，但和甲骨卜辞的性质不一样。

> ☆ 批注
>
> 　　介绍卜法中的兆象与繇辞。

从卦爻辞里的历史故事和风俗制度看，我们知道这些是西周初叶的纪录，纪录里好些是不连贯的，大概是几次筮辞并列在一起的缘故。**那时卜筮官将这些卦爻辞按着卦爻的顺序编辑起来，便成了《周易》这部书。**

> ☆ 批注
>
> 　　介绍《周易》的来历。

"易"是"简易"的意思,是说筮法比卜法简易的意思。本来呢,卦数既然是一定的,每卦每爻的辞又是一定的,检查起来,引申推论起来,自然就"简易"了。不过这只在当时的卜筮官如此。他们熟习当时的背景,卦爻辞虽"简",他们却觉得"易"。到了后世就不然了,筮法久已失传,有些卦爻辞简直就看不懂了。**《周易》原只是当时一部切用的筮书。**

☆**批注**
指出《周易》在当时的价值和作用。

《周易》现在已经变成了儒家经典的第一部;但早期的儒家还没有注意这部书。孔子是不讲怪、力、乱、神的。《论语》里虽有"五十以学《易》,可以无大过矣"的话,但另一个本子作"五十以学,亦可以无大过矣",所以这句话是很可疑的。孔子只教学生读《诗》《书》和《春秋》,确没有教读《周易》。《孟子》称引《诗》《书》,也没说到《周易》。《周易》变成儒家的经典,是在战国末期。那时候阴阳家的学说盛行,儒家大约受了他们的影响,才研究起这部书来。那时候道学家的学说也盛行,也从另一面影响了儒家。**儒家就在这两家学说的影响之下,给《周易》的卦爻辞作了种种新解释。这些新解释并非在忠实的确切的解释卦爻辞,其实倒是借着卦爻辞发挥他们的哲学。**这种新解释存下来的,便是所谓《易传》。

☆**批注**
在道家和阴阳家的影响下,儒家对卦爻辞做出新的解释,是借着卦爻辞发挥他们的哲学。

《易传》中间较有系统的是彖辞和象辞。彖辞断定一卦的涵义——"彖"就是"断"的意思。象辞推演卦和爻的象,这个"象"字相当于现在所谓"观念"。这个字后来成为解释《周易》的专门名词。**但彖辞断定的涵义,象辞推演的观念,其实不是真正从**

☆**批注**
彖辞断定涵义,象辞推演观念,里面包含了儒家的伦理思想和政治哲学。

| 021

《经典常谈》阅读指导

卦爻里探究出来的；那些只是作传的人傅会在卦爻上面的。 这里面包含着多量的儒家伦理思想和政治哲学；象辞的话更有许多和《论语》相近的。 但说到"天"的时候，不当作有人格的上帝，而只当作自然的道，却是道家的色彩了。这两种传似乎是编纂起来的，并非一人所作。此外有《文言》和《系辞》。《文言》解释乾坤两卦；《系辞》发挥宇宙观人生观，偶然也有分别解释卦爻的话。 这些似乎都是抱残守缺，汇集众说而成。到了汉代，又新发现了《说卦》《序卦》《杂卦》三种传。 《说卦》推演卦象，说明某卦的观念象征着自然界和人世间的某些事物，譬如乾卦象征着天，又象征着父之类。 《序卦》说明六十四卦排列先后的道理。 《杂卦》比较各卦意义的同异之处。 这三种传据说是河内一个女子在什么地方找着的，后来称为《逸易》；其实也许就是汉代人作的。

> ☆ **批注**
> 《文言》解释乾坤两卦，《系辞》发挥宇宙观人生观，偶有解释卦爻的话。

> ☆ **批注**
> 汉代的《说卦》《序卦》《杂卦》的内容，包括推演卦象、排列卦序和比较各卦同异。

八卦原只是数目的巫术，这时候却变成数目的哲学了。那整画"——"是奇数，代表天，那断画"— —"是偶数，代表地。奇数是阳数，偶数是阴数；阴阳的观念是从男女来的。有天地，不能没有万物，正和有男女就有子息一样，所以三画才能成一卦。卦是表示阴阳变化的；《周易》的"易"，也便是变化的意思。为什么要八个卦呢？这原是算学里错列与组合的必然，但这时候却想着是万象的分类。乾是天，是父等；坤是地，是母等；震是雷，是长子等；巽是风，是长女等；坎是水，是心病等；离是火，是中女等；艮是山，是太监等；兑是泽，是少女等。**这样，**

022

名著导读

八卦便象征着也支配着整个的大自然，整个的人间世了。八卦重为六十四卦，卦是复合的，卦象也是复合的，作用便更复杂更具体了。据说伏羲、神农、黄帝、尧、舜一班圣人看了六十四卦的象，悟出了种种道理，这才制造了器物，建立了制度、耒耜以及文字等等东西，"日中为市"等等制度，都是他们从六十四卦推演出来的。

> ☆ 批注
> 八卦中的数目哲学。

> ☆ 批注
> 这就是观象制器的故事。

这个观象制器的故事，见于《系辞》。《系辞》是最重要的一部《易传》。这传里借着八卦和卦爻辞发挥着的融合儒道的哲学，和观象制器的故事，都大大地增加了《周易》的价值，抬高了它的地位。《周易》的地位抬高了，关于它的传说也就多了。《系辞》里只说伏羲作八卦；后来的传说却将重卦的，作卦爻辞的，作《易传》的人，都补出来了。但这些传说都比较晚，所以有些参差，不尽能像"伏羲画卦说"那样成为定论。重卦的人，有说是伏羲的，有说是神农的，有说是文王的。卦爻辞有说全是文王作的；有说爻辞是周公作的；有说全是孔子作的。《易传》却都说是孔子作的。这些都是圣人。

> ☆ 批注
> 全面列举，体现了科学、严谨的学术精神。

《周易》的经传都出于圣人之手，所以和儒家所谓道统关系特别深切；这成了他们一部传道的书。所以到了汉代，便已跳到《六经》之首了。但另一面阴阳八卦与五行结合起来，三位一体的演变出后来医卜星相种种迷信、种种花样，支配着一般

> ☆ 批注
> 《庄子·天运篇》和《天下篇》所说《六经》的次序是：《诗》《书》《礼》《乐》《易》《春秋》；到了《汉书·艺文志》，便成了《易》《书》《诗》《礼》《乐》《春秋》了。

023

《经典常谈》阅读指导

民众,势力也非常雄厚。这里面儒家的影响却很少了,大部分还是《周易》原来的卜筮传统的力量。**儒家的《周易》是哲学化了的;民众的《周易》倒是巫术的本来面目。**

> ☆ **批注**
>
> 对《周易》做出的结论性评价,帮助读者客观认识这本书。

参考资料:

- 顾颉刚《周易卦爻辞中的故事》(《古史辨》第三册上)
- 李镜池《易传探原》(同上)
- 余永梁《易卦爻辞的时代及其作者》(同上)

 名师点评

《周易》一书,本是卜筮官的占筮记录,可到了战国末期,道家、阴阳家学说盛行,儒家受两派影响,也对《周易》的卦爻辞作了种种新的解释,借卦爻辞发扬儒家哲学。到了汉代,《易》上升为儒家"六经"之首。同为《周易》,儒家的《周易》是哲学化了的,民众的《周易》倒是巫术的本来面目。

024

名著导读

阅读思考

1.结合本文和下图,试着写出八卦的名字。

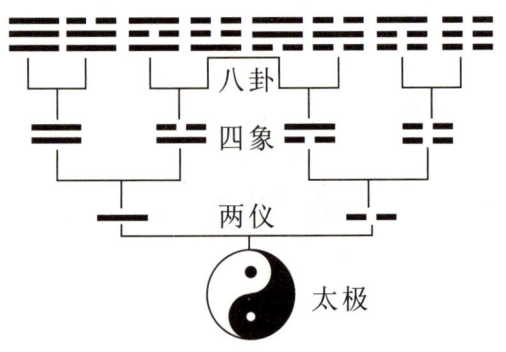

2.文中写道:"直到春秋时候,还有'筮短龟长'的话。""筮短龟长"一词中说的两种占卜方法是什么,并请简要介绍。

《尚书》第三

 导读提示

　　提起"五经"，你会想到残缺最多、问题最多的是《尚书》吗？《尚书》作为中国最古的记言的历史，你会想到伪《尚书》会冒名顶替千年才会被发现吗？一部《尚书》，发生的故事真的太多太多，慢慢读，你会有更多的发现。

　　《尚书》是中国最古的记言的历史。所谓记言，其实也是记事，不过是一种特别的方式罢了。记事比较的是间接的，记言比较的是直接的。记言大部分照说的话写下来；虽然也须略加剪裁，但是尽可以不必多费心思。记事需要化自称为他称，剪裁也难，费的心思自然要多得多。

> ☆ **批注**
>
> 　　对《尚书》的总体定位，客观而准确。开篇总说，从宏观上给人以整体印象，简洁明了。

026

名著导读

中国的记言文是在记事文之先发展的。**商代甲骨卜辞大部分是些问句，记事的话不多见。** 两周金文也还多以记言为主。 直到战国时代，记事文才有了长足的进展。 古代言文大概是合一的；**说出的写下的都可以叫作"辞"。** 卜辞我们称为"辞"，《尚书》的大部分其实也是"辞"。我们相信这些辞都是当时的"雅言"，就是当时的官话或普通话。但传到后世，这种官话或普通话却变成诘屈聱牙【诘(jí)屈聱(áo)牙：形容文句艰涩生硬，读起来不顺口。】的古语了。

> ☆ 批注
> 介绍了记言记事文的发展。商周以记言为主，战国时记事文有了长足的发展。

> ☆ 批注
> 我们说的"言辞"大概就是，说出的是"雅言"，写下来就是"辞"。

《尚书》包括虞夏商周四代；**大部分是号令，就是向大众宣布的话，小部分是君臣相告的话。** 也有记事的；可是照近人的说数，那记事的几篇，大都是战国末年人的制作，应该分别的看。 那些号令多称为"誓"或"诰"，后人便用"誓""诰"的名字来代表这一类。 平时的号令叫"诰"，有关军事的叫"誓"。 君告臣的话多称为"命"；臣告君的话却似乎并无定名，偶然有称为"谟"的。 这些辞有的是当代史官所记，有的是后代史官追记。 当代史官也许根据亲闻，后代史官便只能根据传闻了。 这些辞原来似乎只是说的话，并非写出的文告；史官纪录，意在存作档案，备后来查考之用。 这种古代的档案，想来很多，留下来的却很少。 汉代传有《书序》，来历不详，也许是周秦间人所作。有人说，孔子删《书》为百篇，每篇有序，说明作意。这却缺

> ☆ 批注
> 从包括的朝代、内容、记录等方面介绍《尚书》。

027

《经典常读》阅读指导

乏可信的证据。孔子教学生的典籍里有《书》，倒是真的。那时代的《书》是个什么样子，已经无从知道。"书"原是纪录的意思；大约那所谓"书"只是指当时留存着的一些古代的档案而言；那些档案恐怕还是一件件的，并未结集成书。成书也许是在汉人手里。**那时候这些档案留存着的更少了，也更古了，更稀罕了**；汉人便将它们编辑起来，改称《尚书》。**"尚"，"上"也**；《尚书》据说就是"上古帝王的书"。**"书"上加一"尚"字，无疑的是表示着尊信的意味**。至于《书》称为"经"，始于《荀子》，不过也是到汉代才普遍罢了。

> ☆ 批注
> 三个"更"字，突出了档案资料的弥足珍贵。

> ☆ 批注
> 给《尚书》的书名释义，简洁明了。

儒家所传的"五经"中，**《尚书》残缺最多，因而问题也最多**。秦始皇烧天下诗书及诸侯史记，并禁止民间私藏一切书。到汉惠帝时，才开了书禁；文帝接着更鼓励人民献书。书才渐渐见得着了。**那时传《尚书》的只有一个济南伏生**。伏生本是秦博士。始皇下诏烧诗书的时候，他将《书》藏在墙壁里。后来兵乱，他流亡在外。汉定天下，才回家；检查所藏的《书》，已失去数十篇，剩下的

> ☆ 批注
> 为后文叙写《尚书》的流布遭遇做了一个铺垫。

> ☆ 批注
> 叙写伏生与《尚书》的故事。伏生传的《尚书》是《今文尚书》的基础。清孙星衍《尚书今古文注疏》是注解中较为完备的一种。

只二十九篇了。他就守着这一些，私自教授于齐鲁之间。文帝知道了他的名字，想召他入朝。那时他已九十多岁，不能远行到京师去。文帝便派掌故官晁错来从他学。伏生私人的教授，加上朝廷的提倡，使《尚书》流传开去。伏生所藏的本子是用"古文"写的，还是用秦篆写

028

《经典常谈》
阅读指导

探究指导

阅读评价

参考答案

目　录

探究指导 ·························· 157

专题一：和朱自清一起"谈"经典 ·········· 157

专题二：我向大家介绍经典 ············ 158

专题三：读经典的意义 ··············· 160

阅读评价 ·························· 162

中考链接 ······················ 162

拓展提升 ······················ 169

综合测试 ······················ 174

参考答案 ·························· 187

探究指导

专题一：和朱自清一起"谈"经典

这本书介绍了许多传统文化经典。选择你感兴趣的一种，比如《论语》或李白、杜甫的诗，先精读《经典常谈》中的内容，再选读相关经典中你比较熟悉的部分，看看朱自清所"谈"的对你更好地理解经典有哪些帮助，并向同学们谈谈你对经典的新认识。

示例：

流年静转，光阴停留在时间的缝隙，化成文字，以诗歌的形式缱绻在韶音里面，融入文人的笔底。诗词中的景，随时间消逝，却在笔下永恒，无限真实；诗词中的情，迷离变幻，却又跃然纸上，无限真情。

捧书卷一本，行通途八百。未入茅庐，已听孔明谈尽天下事；未品浑酒，已听众豪杰江湖情；未把花锄，已叹黛玉花下独吟苦。经典的力量，让我爱上了缓缓翻动书页时的惊喜。

隔夜东风起，曹船铁索寒。黄盖轻驾小舟，只身入敌，曹操坐镇以待，面露喜色。一把火点燃了这场沉默的对视。火苗直冲云霄，翻滚在江面，吞噬着曹军的一切。风初起，羽扇纶巾，他卓然独立，浅笑耐人寻味。

三国再战，我读到了孔明的智慧。因为经典的力量，我爱上了读书的品味与哲思。

醉枪挑夜月，风雪山神庙，大雪纷飞，花白了梁山的鬓角；火势弥漫，烧毁了沧州的暗道。留恋这人世的繁华吗？是的！不管了，雪尽头，斗篷纷飞，他且行且住，目光不再犹豫。

水浒聚义，我读到了林冲的抗争。因为经典的力量，我爱上了读书的酣畅与尽兴。

红楼情长，我读到了黛玉的悲切。因为经典的力量，我爱上了读书的动心与感怀。

在书籍里，我结交知己。与谪仙李白推杯换盏，开怀畅饮，领会他"人生在世不称意，明朝散发弄扁舟"的恣意与潇洒，与其交心，方知不辱谪仙之名；在寂静的夜里，披一身酒的醇香，我随辛弃疾于一盏孤灯下痴望一柄寒光凛凛的宝剑，在午夜梦回时，站在烽火遍野的战场上指挥若定，体味老将愿一生侍君奉国的情怀；骑一匹健硕的马，同那千百坐骑共同驰骋，席卷平冈，倾城出动，追随太守苏轼密州出猎，为太守"会挽雕弓如满月，西北望，射天狼"的杀寇报国之心而赞叹。

书籍让我明理，让我思索，让我享受生活。在读书中让思想飞翔，给灵魂插上翅膀，享受读书的美丽和魅力。

专题二：我向大家介绍经典

朱自清谦称《经典常谈》中"各篇的谈论，尽量采择近人新说"，并没有自己的观点。其实，选择什么样的说法介绍给读者，也能显示出作者的学术眼光与功底。选择《经典常谈》中的一篇深入研读，边读边做好读书笔记，记下重要的事实、主要的观点和自己的心得。根据读书笔记，向全班同学介绍你研读的经典。

示例：

我与大家分享的经典是《诗经》。最美不过《诗经》，美在质朴的语言，美在对人世间美好情感的诠释。它没有波澜壮阔，也没有万分柔弱。在我眼里，它有的是那午后的明朗，风儿的轻抚，虽有小桥流水般的思绪，却淡去了那一份娇弱。

"关关雎鸠，在河之洲。窈窕淑女，君子好逑……"人们再熟悉不过的诗句，短短几句，却深深地奏出了抒情主人公对少女的那一份倾慕。河水细流，参差荇菜，道出了在水一方的思绪，道出了翻来覆去的挂牵。"髧彼两髦，实维我仪，之死矢靡它。"转眼，又是那坚贞的女子在捍卫爱情。谁道红颜娇弱不已，耳边是她那誓死的决心。

硝烟漫天，烽火连连，又有谁知叱咤风云的背后，却是深深的无奈，深深的思念。"执子之手，与子偕老"，百年前，千年前，又是谁在刀枪铠甲之下，脑海中浮现出妻与子的笑颜。只愿弃甲归田，与你漫步庭间。

轻轻翻看这一页页的诗行，转眼间，眼前不再仅仅是那浓浓的亲情、爱情，字词深处，却是对时事的评价，对人性的赞美，以及那处于统治者压榨下的哀叹。

"勿剪勿拜，召伯所说。"是人民爱屋及乌，对有德政的召伯遗迹的珍重、爱惜，是对那一心为民、鞠躬尽瘁的官吏无尽的赞美。而"彼君子兮，不素餐兮"又用那声声的哀怨喊出了他们的不满。在那腐败的社会，在那只会搜刮民脂民膏的社会，成千上万的劳动人民惨遭剥削，却敢怒不敢言，换来的只是这深深的呢喃、叹息、指责、无奈！

《诗经》注定流传，它似动听的歌，唱出了一份真情；它似哀怨

|159|

的二胡,拉出了一份无奈。最美不过《诗经》,它拥有一份典雅,一份清新,一份美丽。《诗经》是桃花源里那清澈美丽的小河,在人们的心中缓缓流淌!

专题三:读经典的意义

中华优秀传统文化是中华文明的智慧结晶和精华所在,是中华民族的根和魂,是我们在世界文化激荡中站稳脚跟的根基。读了《经典常谈》,你对于当代中学生阅读传统文化经典的意义有哪些认识?以《读经典的意义》为题写一篇短文,谈谈你的看法。

示例:

读经典的意义

没有经典,我们会停止思考。

——《西方正典》

凡是值得思考的事情,没有不是被前人思考过的;我们必须做的只是试图重新加以再思考而已。

——歌德

中国文化的"轴心时代",就是"六经"的时代,就是"诸子"的时代,就是"孔、孟、老、庄"的时代。二十世纪中国不断出现的国学热和读经运动,正是这种回顾"轴心时代"的文化冲动的表现,其深层动机就是从中获取重新出发的"精神动力",从中获取历久弥新的生命智慧。

《经典常谈》中的"经典",范围较广,不限于传统的"十三经""四书五经"等经部书,而是包含经、史、子、集四部在内所有可称

"经典"的著作。全书十三篇,从"小学"开篇,然后依次介绍传统的经、史、子、集。前九篇谈"小学"和经史,以经典为主,力求点面结合;后四篇论子部和集部,以文体为中心,又做到点线结合。前九篇的"点面结合",有多种表现:有的是一部书一门学问,如《说文解字》与文字学,《尚书》与尚书学,《诗经》与诗学,《史记》《汉书》与历史学;有的是一部书一种生活风俗,如《周易》与上古巫术礼仪,三《礼》与"生活的艺术";有的是一部书一段历史,如《春秋》与春秋五霸,《战国策》与战国策士等等。后四篇的"点线结合",基本上是一种文体一部历史:"诸子"是一部子学史,"辞赋"是一部从楚辞到汉赋的辞赋史,"诗"是一部从乐府、古诗到唐宋诗的诗歌史,"文"则几乎是一部从卦爻辞到白话文的散文通史。

经典是传统的载体,传统依赖经典得以延续,读经典就是学传统,学传统必须读经典。个体的精神发育史,是一个人的经典阅读史;民族的精神境界,取决于全民族的阅读品味和阅读经典的水平。阅读《经典常谈》,我们会有诸多的收获:古代典籍中记载着我国文明的发展轨迹,阅读古代典籍,我们可以走近千年文明,了解我国古代社会现实;古代典籍中包含了数千年的知识汇总,运用了多种写作手法,体现了语言艺术之美,如通过《说文解字》可知造字之经过,通过《诗经》可知诗歌艺术之美;古代典籍中记载了许多先贤的言论,从学习、交往、心志等多方面进行了阐述,阅读古代典籍,我们可以汲取先贤的智慧,丰富自己的精神世界,用先人之美德指导自身之素养。

概而言之,朱自清的《经典常谈》是一部特色鲜明、引人入胜的著作,对我们了解经典、走近经典、爱上经典有着很大的作用,诚如该书序言所说,"把它当作一只船,航到经典的海里去"。

阅读评价

中考链接

1.(2022·山东泰安)下列对有关文化和文学常识表述错误的一项是 （ ）

A.《乐府诗集》是北宋郭茂倩编辑整理的一部诗歌总集,《木兰诗》《十五从军征》均选自这部诗集,内容都与战争有关,主题都控诉了战争带给人们的灾难。

B.中国文化崇尚"和",有关"和"的思想体现于中国文化的方方面面,如故宫的"太和殿""中和殿""保和殿"都与"和"有关,商人经商讲究"和气生财",贺人新婚要讲"和和美美"等。

C.《水浒传》善于在讲述故事中塑造人物,如武松景阳冈打虎、斗杀西门庆、醉打蒋门神、大闹飞云浦、血溅鸳鸯楼、除恶蜈蚣岭,人物形象是在一个个事件中丰满起来的。

D.《海底两万里》是法国科幻和探险小说家儒勒·凡尔纳的"海洋三部曲"之一,主人公尼摩船长不仅是献身科学的探索者,也是英勇顽强、反对一切压迫和殖民主义的战士。

2.(2020·浙江温州改编)在《经典常谈》阅读打卡中,阅读完《〈说文解字〉第一》后,老师在学生群"家校本"发布了任务单,请你完成。

"汉字偏旁探源"任务单		
偏旁	汉字	成语/名句
⌒	(1)_____	人迹～至
罒	罗_____	(2)_____
冈	(3)_____	学而不思则～

◎我的发现:通过"汉字"栏的篆文字形,我明白了"⌒""罒""冈"是汉字"(4)_____"作偏旁时的不同形式。

3.(2022·云南昆明)请按要求默写。

山光水色、自然风物是中国古代文人墨客的审美意象和精神寄托。研读古诗文,我们可在"山水自然"中欣赏到别样的美,体验另外一种生命形态。

(1)山水可造意境。《诗经》中"蒹葭苍苍,_____。所谓伊人,在水一方"的句子所描写的景物,在天光水色的映照下,呈现出一种迷茫的境界。曹操的《观沧海》中"_____,山岛竦峙"两句描写大海波澜壮阔、山岛耸立的样子。此诗苍茫浑然,境界壮阔。

(2)山水可纵豪情。杜甫的《望岳》礼赞泰山,诗人以"_____,_____"两句表达了登临的决心和俯视一切的气概。辛弃疾登上北固楼俯视江水,不禁思接千载,在《南乡子·登京口北固亭有怀》上阕写下"＿＿＿＿＿＿＿＿＿？＿＿＿＿＿＿。
＿＿＿＿＿＿＿＿"的句子。全词表现了作者沉郁悲怆、雄壮豪迈之情。

（3）山水可蕴哲理。王湾的《次北固山下》中"＿＿＿＿＿＿＿，
＿＿＿＿＿＿＿"两句写出了时序的交替,气势宏大,将山水景象赋予哲理意味。陆游《游山西村》中"＿＿＿＿＿＿＿，
＿＿＿＿＿＿＿"两句写出了路疑无而实有,景似绝而复出的境界,寓含生活的哲理。

（4）山水可显品格。欧阳修《醉翁亭记》中"＿＿＿＿＿＿＿，
＿＿＿＿，＿＿＿＿＿＿"两句是全文的核心命意,点明作者意不在酒,在山水,把他简政爱民、与民同乐的政治襟怀写得含蓄不露。

（5）古代诗文中的山水,已不仅仅是山水,诗文中的一沙一石、一潭一溪也寄寓着作者的生命体验。请写出古诗文中含"溪"字的连续两句:"＿＿＿＿＿＿，＿＿＿＿＿＿。"

4.（2020·辽宁本溪）选出填入下面语段横线处的词语最恰当的一项 （　　　）

"观千剑而后识器,操千曲而后晓声。"这无疑是对字体研究的专业思考广度的更高要求。＿＿＿＿我们的周边,文字＿＿＿＿,有文字的地方就必然＿＿＿＿着字体,字体影响着人们的视觉观感。从某种角度而言,我们对其进行解读的同时,＿＿＿＿在认识我们自己。

A. 回顾　　　俯拾皆是　　　伴随　　　也是

B. 环顾　　　无处不在　　　伴随　　　就是

C. 回顾　　　无处不在　　　跟随　　　就是

D. 环顾　　　俯拾皆是　　　跟随　　　也是

5.(2022·山东东营)阅读下面的诗歌,回答问题。

登楼望水

（唐）顾况

鸟啼花发柳含烟,掷却风光忆少年。

更上高楼望江水,故乡何处一归船。

(1)本诗四句起承转合,一句一转换,颇具特色,就此谈谈你的理解。

(2)下列选项中表达正确的两项是　　　　　　　　　　（　　）

A.本诗写"登楼望水",与许多写登山登楼登塔的唐诗一样,都是借景抒怀。

B.作者强调诗歌的思想内容,注重教化,故写本诗寄语少年应珍惜青春时光。

C.本诗为作者暮年所作,写登高望远,看到迎接他的归船,思乡心切,无心赏景。

D.全诗文句通俗易懂,景情并有,不着一"愁",实则写"愁"。

6.(2022·广西)阅读下面的文字,回答问题。

时光里的陶渊明

饮酒(其五)

结庐在人境,而无车马喧。

问君何能尔? 心远地自偏。

采菊东篱下,悠然见南山。

山气日夕佳,飞鸟相与还。

此中有真意,欲辨已忘言。

165

桃花源记

晋太元中，武陵人捕鱼为业。缘溪行，忘路之远近。忽逢桃花林，夹岸数百步，中无杂树，芳草鲜美，落英缤纷。渔人甚异之，复前行，欲穷其林。

林尽水源，便得一山，山有小口，仿佛若有光。便舍船。从口入。初极狭，才通人。复行数十步，豁然开朗。土地平旷，屋舍俨然，有良田、美池、桑竹之属。阡陌交通，鸡犬相闻。其中往来种作，男女衣着，悉如外人。黄发垂髫，并怡然自乐。

见渔人，乃大惊，问所从来。具答之。便要还家，设酒杀鸡作食。村中闻有此人，咸来问讯。自云先世避秦时乱，率妻子邑人来此绝境，不复出焉，遂与外人间隔。问今是何世，乃不知有汉，无论魏晋。此人一一为具言所闻，皆叹惋。余人各复延至其家，皆出酒食。停数日，辞去。此中人语云："不足为外人道也。"

既出，得其船，便扶向路，处处志之。及郡下，诣太守，说如此。太守即遣人随其往，寻向所志，遂返，不复得路。

南阳刘子骥，高尚士也，闻之，欣然规往。未果，寻病终。后遂无问津者。

陶潜传（节选）

陶潜，字元亮，少怀高尚，博学善属文①。颖脱不羁，任真自得，为乡邻之所贵。

素简贵，不私事上官。郡遣督邮至县，吏白应束带见之。潜叹曰："吾不能为五斗米折腰，拳拳事乡里小人邪！"义熙二年解印去县乃赋《归去来》。

（出自《晋书》）

【注释】①属文：作文章。

(1)下面对《饮酒》(其五)赏析有误的一项是　　（　）

A.以草庐开篇,叙免除喧扰的归田生活,起笔舒缓,"在"一"无",转折有势。

B.三、四句巧用设问,转换叙事角度发问,颇富情趣,答语精练,一语中的,超凡脱俗。

C.以"采菊""见山"造悠然之境,寄情山水,投身自然,物我分离,不工而工。

D.全诗集叙事、议论、绘景于一体,自然理趣与个人志趣相映,言有尽而意无穷。

(2)下面对《桃花源记》理解分析有误的一项是　　（　）

A.渔人"缘溪行"拉开故事序幕,溪水通幽、桃林奇美,为桃花源的出现自然铺垫。

B."皆叹惋"意蕴丰厚,从中感受到渔人所说的与桃花源内的生活相比,差异巨大。

C.渔人辞别桃花源后,得其船并循来时路而返,这与渔人入桃花源的情节形成照应。

D.作者通过真实存在的桃花源,寄托政治理想,反映美好愿望,笔多曲致,富有波澜。

(3)用"/"给《陶潜传》(节选)画波浪线的句子断句(限断两处)。

义　熙　二　年　解　印　去　县　乃　赋　《归　去　来》

(4)现代汉语和古代汉语有着继承与发展的关系,时殊世异,有些词语沿用至今,但词义已发生变化。请写出《桃花源记》中加点词语的古今义。

词语	古义	今义
妻子	①_____	对已婚男子配偶的称呼
绝境	②_____	③_____
无论	④_____	连词,表示在任何条件下结果都不会改变

(5)将文中画横线的句子翻译成现代汉语。

①黄发垂髫,并怡然自乐。

②少怀高尚,博学善属文。

(6)《桃花源记》三处出现过历史时间名词,即"晋太元中""自云先世避秦时乱""乃不知有汉,无论魏晋"。请联系上下文,分别说说它们在文中的作用。

(7)时光流转,四季更迭,古往今来,陶渊明备受推崇,成为跨越时代的"大家"。唐朝的李白、杜甫、孟浩然,宋朝的苏轼、欧阳修、朱熹,现代的鲁迅、朱光潜等都言之谆谆。请联系以上诗文,探究陶渊明受推崇的原因。

拓展提升

1.请你根据《说文解字》中对造字的六个条例的解释,完成下面各题。

一是"象形",象物形的大概。

二是"指事",用抽象的符号,指示那无形的事类。

三是"会意",会合两个或两个以上的字为一个字,这一个字的意义是那几个字的意义积成的。

四是"形声",也是两个字合成一个字,但一个字是形,一个字是声;形是意符,声是音标。

五是"转注",就是互训。两个字或两个以上的字,意义全部都相同或一部分相同,可以互相解释的,便是转注字,也可以叫作同义字。

六是"假借",语言里有许多有音无形的字,借了别的同音的字,当作那个意义用。

(1)下列说法错误的一项是 （　　）

A.汉字"鱼""口""耳""手""田"等都是象形文字。

B."刃"字,在"刀"形上加一点,指示刃之所在,"刃"是指事文字。

C."人""言"为"信","信"是会意文字,"江""河"是转注文字。

D."令"本义是发号,假借为"县令"的"令",这是假借文字。

(2)班长找来了一些象形字的图片,请你分别写出它们对应的现代汉字。

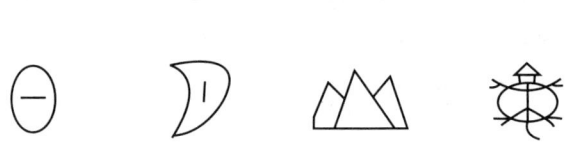

| A | B | C | D |

2.根据积累,填写句子。

三年初中生活转瞬即逝,毕业在即,同学们互赠书签作为留念。请你将书签中的诗句补充完整。

(1)_____,天涯若比邻。(王勃《送杜少府之任蜀州》) (2)但愿人长久,_____。(苏轼《水调歌头》)	勿忘
(3)_____,直挂云帆济沧海。[李白《行路难(其一)》] (4)_____,一览众山小。(杜甫《望岳》)	奋斗
(5)沉舟侧畔千帆过,_____。(刘禹锡《酬乐天扬州初逢席上见赠》) (6)山重水复疑无路,_____。(陆游《游山西村》)	希望
(7)"_____,_____",愿你珍惜光阴,不负韶华,努力绽放生命的光彩。(《〈论语〉十二章》)	惜时
(8)"_____,_____",愿你尝遍人间百味,依然保持内心的淡定与从容。(范仲淹《岳阳楼记》)	豁达

3.经典作品中多有成语典故,请将下列成语典故填入表格对应位置。

经典作品	成语典故
《论语》	(1)_____
《史记》	(2)_____
《战国策》	(3)_____

A.孔子晚而喜《易》,序《彖》《系》《象》《说卦》《文言》。读《易》,韦编三绝。(韦编三绝)

B.见兔而顾犬,未为晚也;亡羊而补牢,未为迟也。(亡羊补牢)

C.择其善者而从之,其不善者而改之。(择善而从)

4.张老师计划在班报"经典名著"栏目出一期有关《经典常谈》阅读策略的文章,所以在班级里收集大家在阅读《经典常谈》时使用的阅读策略。除了张老师推荐的"课文关联阅读"外,我们还可以运用哪些方法进行阅读?请你仿照示例,再举两例。(必须含有"选择性阅读")

示例

阅读策略:联系课文阅读

推荐理由:作者介绍的这些经典作品,许多都与课文内容有关联,阅读过程中可以与课内学习沟通衔接。比如读《〈诗经〉第四》时可以联系学过的《〈诗经〉二首》,加深对作品内容的理解。

(1)阅读策略:选择性阅读

推荐理由:

(2)阅读策略:

推荐理由:

5.有人建议阅读《经典常谈》时,可以选择《〈诗经〉第四》《辞赋第十一》《诗第十二》进行组合阅读,这样能够完整了解中国古代诗歌的发展过程及其成果。你是否同意这一建议?结合名著阅读方法,说说你的看法。

6.图为《战国策》中叙述的有关苏秦的一个故事,请你用自己的语言将这个故事简要叙述出来。

7.阅读下面的选段,回答问题。

选段一:最初用力提倡这几种书的是程颢、程颐兄弟。他们说:"《大学》是孔门的遗书,是初学者入德的门径。只有从这部书里,还可以知道古人做学问的程序。从《论》《孟》里虽也可看出一些,但不如这部书的分明易晓。学者必须从这部书入手,才不会走错了路。"这里没有提到《中庸》。可是他们是很推尊《中庸》的。他们在另一处说:"'不偏'叫作'中','不易'叫作'庸';'中'是天下的正道,'庸'是天下的定理。《中庸》是孔门传授心法的书,是子思记下来传给孟子的。书中所述的人生哲理,意味深长;会读书的细加玩赏,自然能心领神悟终身受用不尽。"这四种书到了朱子手里才打成一片。他接受二程的见解,加以系统的说明,四种书便贯串起来了。

(节选自《四书第七》)

选段二:他说,古来有小学大学。小学里教洒扫进退的规矩,和礼、乐、射、御、书、数,所谓"六艺"的。大学里教穷理、正心、修己、治人的道理。所教的都是切于民生日用,都是实学。《大学》这部书便是古来大学里教学生的方法,规模大,节目详;而所谓"格物、致知、诚意、正心、修身、齐家、治国、平天下",是循序渐进的。

(节选自《四书第七》)

(1)请用一句话概括选段一的内容。

(2)选段二中的"小学"和《〈说文解字〉第一》中说的"小学"含义有什么不同?

(3)作者说"'格物、致知、诚意、正心、修身、齐家、治国、平天下',是循序渐进的"。你是如何理解它们循序渐进的关系的?

8.阅读下面唐诗,完成下面小题。

漫成一首

杜 甫

江月去人只数尺,风灯①照夜欲三更。

沙头宿鹭联拳②静,船尾跳鱼拨剌③鸣。

【注释】①风灯:船中桅杆上挂着的灯,有纸罩能避风。②联拳:指夜宿的白鹭屈曲着身子,三五成群团聚在沙滩上。拳,屈曲。③拨剌:拟声词,指鱼在水里跳动发出的声音。

(1)这首诗通过"＿＿＿＿＿＿＿""风灯""宿鹭""＿＿＿＿"等意象,描绘出一幅恬淡平和的江上月夜图。

(2)这首诗运用了"以动衬静"的手法,请结合第四句简要分析。

综合测试

一、填空

1.朱自清(1898—1948),原名自华,字＿＿＿＿＿＿,号秋实,后改名自清。生于江苏东海县,原籍浙江绍兴,因世代居住于扬州,自称＿＿＿＿＿＿人。著名的散文家、＿＿＿＿＿＿、教育家,杰出的民主战士。

2.本书分十三个章节,浅明而精辟地介绍了我国文化传统中的经典作品,包括《＿＿＿＿＿》《周易》《尚书》《＿＿＿＿＿》,"三礼""春秋三传",《四书》《战国策》《＿＿＿＿＿》《汉书》,诸子、辞赋、诗、文等。

3.《经典常谈》各篇的排列按照传统的_____、_____、_____、_____的顺序;并照传统的意见将"_____"书放在最前头。

4.(2022·山东泰安)补写出下列名篇名句的空缺部分。

(1)参差荇菜,左右流之。窈窕淑女,_____。

（《诗经·关雎》）

(2)子夏曰:"_____,切问而近思,仁在其中矣。"

（《〈论语〉十二章》）

(3)月下飞天镜,_____。　（李白《渡荆门送别》）

(4)烽火连三月,_____。　　（杜甫《春望》）

(5)_____,闻说鸡鸣见日升。

（王安石《登飞来峰》）

(6)塞下秋来风景异,_____。

（范仲淹《渔家傲·秋思》）

(7)_____,晦明变化者,山间之朝暮也。

（欧阳修《醉翁亭记》）

二、选择

5.下面对《经典常谈》中相关的内容解说,不正确的一项是

（　　）

A.全书包括《说文解字》《周易》《尚书》《诗经》等经史子集共十三部分内容,详细介绍了中国古代文学的发展与历史脉络,是介绍传统文化的典范之作。

B.在古代,"诗言志"中的"志"总是关联着政治或者教化作用,人们用这样的观点去解读作品,如孔子评价《关雎》是"乐而不淫,哀而不伤"。

C."乐"在古代与"礼"并称,二者各自独立,具有教化作用。"乐"包括歌和舞,它教人平心静气,互相和爱,这样自然没有贪欲、捣乱、欺诈等事情。

D.战国七雄中"秦"最强大,它与六国对峙中,有人主张六国联合抗秦,叫作"合纵";有人主张六国与秦联合,叫作"连横",张仪便是属于连横派。

6.下列说法与《经典常谈》一书不相符的一项是 (　　)

A.中国文字相传是黄帝的史官仓颉造的。

B.秦朝李斯所编著的《说文解字》是文字学的古典,又是一切古典的工具或门径。

C.造字和用字有六个条例,称为"六书",分别指象形、指事、会意、形声、转注、假借。

D.秦以后只是书体演变的时代,演变的主因是应用,演变的方向是简易。

7.某同学在阅读《经典常谈》时,做了许多笔记,下列笔记中表述不正确的一项是 (　　)

A.商代的卜辞是中国现存的最早的文。不过卜辞很少有一章一节的,只能算是些句子。

B.《诗经》旧有十五国风,《关雎》出自《周南》,《蒹葭》出自《秦风》,《周南》和《秦风》都属于"十五国风"。

C.《楚辞》中《离骚》和《九章》的各篇,都是屈原放逐时所作。其中"离骚"是"别愁"或"滥忧"的意思。

D.唐代出现了"话本"。"话本"是"说话"的底本,后世白话小说是由"话本"发展过来的。

|176|

8.某同学读了《经典常谈》后,围绕这本书做了下面的记录,其中表述有误的一项是   (   )

A.这本书介绍了众多经典著作,概述了诸子百家、辞赋和历代诗文的情况,展示了我国古代思想文化的基本面貌。

B.书中《诗第十二》论述了从汉武帝时期至宋代诗歌的发展历程,展现了不同时期诗歌的特点和形式。

C.本书着重介绍的史书有《春秋》《战国策》《史记》《汉书》《论语》等,这些史书涉及纪传体、编年体等多种体裁。

D.这本书对知识的讲解精辟,且通俗流畅,深入浅出,从中可以感受到作者一丝不苟、精益求精的态度。

9.小文想要了解屈原的爱国情感,那么他应该选择阅读的内容是   (   )

A.《说文解字》第一   B.四书第七

C.《周易》第二   D.辞赋第十一

三、综合性学习

10.阳光中学开展"联系《经典常谈》,阅读古文经典"的专题探究活动,请你参与并完成以下任务。

【任务一:读楚辞】

楚辞经典	《经典常谈》相关内容
日月忽其不淹兮,春与秋其代序。惟草木之零落兮,恐美人之迟暮。不抚壮而弃秽兮,何不改乎此度?乘骐骥以驰骋兮,来吾道夫先路! (节选自《离骚》)	他又用了许多神话里的譬喻和动植物的譬喻,委曲地表达出他对于怀王的忠爱,对于贤人君子的向往,对于群小的深恶痛疾。他将怀王比作美人,他是"求之不得""辗转反侧";情辞凄切,缠绵不已。

(1)文段中的"他"指的是_____。

(2)试运用《经典常谈》中的相关内容谈谈《离骚》中"惟草木之零落兮,恐美人之迟暮"的含义。

【任务二:读唐诗】

唐诗经典	《经典常谈》相关内容
千山鸟飞绝,万径人踪灭。孤舟蓑笠翁,独钓寒江雪。(柳宗元《江雪》)	七言四句的诗,唐以前没有,似乎是唐人的创作。这大概是为了当时流行的西域乐调而作;先有调,后有诗。五七绝都能歌唱,七绝歌唱的更多——该是因为声调曼长,好听些。作七绝的比作五绝的多得多,本书选得也多。

(3)《江雪》的体裁是 （ ）

A.五言绝句　　　　　　　B.五言律诗

C.五言古体诗　　　　　　D.五言乐府

(4)《经典常谈》中认为"唐人绝句有两种作风:一是铺排,一是含蓄",你认为《江雪》是铺排还是含蓄?请结合诗歌内容简要分析。

四、阅读

11.请你结合下面选自《四书第七》的材料,回答下列问题。

《论语》是孔子弟子们记的。这部书不但显示一个伟大的人格——孔子,并且让读者学习许多做学问做人的节目:如"君子""仁""忠恕",如"时习""阙疑①""好古""隅反""择善""困学"等,都是可以终身应用的。《孟子》据说是孟子本人和弟子公孙丑、万章等共同编定的。书中说"仁"兼说"义",分辨"义""利"甚严;而辨"性善",教人求"放心",影响更大。又说到"养浩然之气",那"至大至刚""配义与道"的"浩然之气",这是修养的最高境界,所谓天人相通的哲理。

【注释】①阙疑:对疑惑不解的东西不妄加评论。

(1)小诗发现材料中的内容可以与之前所学诗文相联系,于是她将二者对照以增进理解,请你帮她补充完整。

①"时习":＿＿＿＿＿＿＿,不亦说乎? ②"义利":＿＿＿＿＿＿,于我如浮云。③"择善":择其善者而从之,＿＿＿＿＿＿。④"仁":得道者多助,＿＿＿＿＿＿。

(2)请你根据上面材料,说一说儒家学说对现在的我们有哪些教育意义。

12.阅读下面的文字,回答问题。

朱自清先生

冯 至

远在二十五年前,我读到过一部诗集《雪朝》,是六个人的合集,其中有一位是朱自清。封面是黄色的,里面的诗有一个

|179

共同趋势：散文化、朴实，好像有很重的人道主义的色彩。那本诗集现在已经很不容易得到了，并且里边的诗我一首也不记得，但根据我模糊的印象，我可以说，假如《雪朝》里的诗能够在当时成为一种风气发展下去，中国新诗也许会省却许多迂途。只可惜中国的新诗并没有那样发展下去，中间走了许多不必要的歧路，而《雪朝》中的六个作者也在中途有的抛掉了诗，有的改变了作风。其中真能把那种朴质的精神保持下来，不但应用在诗上，而且应用在散文以及做人的态度上的，据我所知，怕只有朱自清先生吧。

我最初遇见朱先生是在一九三二年的夏天，那时我住在柏林西郊，他在清华任教休假到伦敦住了一年，归途路过柏林。我请他到我住的地方谈过一次，过了几天又陪他到波茨坦的无忧宫去游玩过。他很少说话，只注意听旁人谈讲；他游无忧宫时，因为语言文字隔阂，不住地问这个问那个，那诚挚求真的目光使回答者不好意思说一句强不知以为知的话。此后他就到意大利从威尼斯登船回国了。三年后，我也回国了，和他却很少见面，见了面也没有得到过充足的时间长谈。至于常常见面，能以谈些文学上的问题时，则是共同在昆明西南联合大学教书的那几年。

他谈话时，仍然和我在柏林时所得到的印象一样。他倾心听取旁人的意见，旁人的意见只要有一分可取，他便点头称是。他这样虚心，使谈话者不敢说不负责任的话。他对我的确发生过这样的作用。我不知道别人在他面前是否也有过同样的感觉，但愿他的诚挚和虚心——这最显示在他那两只大眼睛上——曾经启迪过不少的人，应该怎样向人谈话！

由虚心产生出来的是公平，没有偏见。党同伐异，跟自己意见相同的就结为朋党,跟自己意见不同的就加以攻击。刻薄寡恩,在朱先生写的文字里读不到的。他不是没有自己的意见,但他对于每个文艺工作者都给予了所应得的地位,不轻易抹杀任何一个的努力。去年五四,北大举行文艺晚会,我和他都被约去讲演,我在讲演时攻击到战前所谓象征派的诗。夜半回来,他在路上向我说:"你说得对! 只是有些过分。"今年七月四日,我到清华去看他——这是我最后一次见他——他已十分憔悴,谈起一个过于主观的批评家,他尽管不以他为然,却还是说:"他读了不少的书。"

一个没有偏见的、过于宽容的人,容易给人以乡愿的印象,但是我们从朱先生的身上看不出一点乡愿的气味。一切在他的心中自有分寸,他对于恶势力绝不宽容。尤其是近两年来,也就是回到北平以来,他的文字与行动无时不在支持新文艺以及新中国向着光明方面的发展。他有愤激,有热烈的渴望,不过这都蒙在他那平静的面貌与朴质的生活形式下边,使一个生疏的人不能立即发现。他最近出版的两部论文集《论雅俗共赏》和《标准与尺度》是他最坦白的说明。他一步步地转变,所以步步都脚踏实地;他认为应该怎样,便怎样。我们应该怎样呢? 每个心地清明的中国人都会知道得清楚。

不幸他在中途死去。中国的新文艺失却一个公正的扶持人,朋友中失却一个公正的畏友,将来的新中国失却一个脚踏实地的文艺工作者。

现在我如果能够得到《雪朝》那本诗集,再把他历年的著作排列在一起,我会看见他在这一世纪的四分之一的时间内在走着一条忠实朴素的道路。

一九四八年,北京

(1)下列对文章的分析和概括,不正确的两项是 （　　）

A.本文写朱自清先生,却从诗集《雪朝》写起,因为朱自清是《雪朝》的作者之一,通过《雪朝》很自然地引起对朱先生的回忆,也是为了表现朱先生质朴的品质。

B.文中的"迂途"指的是诗歌发展走的不必要的歧路,"乡愿"指对家乡有深厚情感的人,"畏友"指能严正指出自己错误的朋友。

C.文中画线句子是朱自清先生对作者的委婉批评。这体现了朱先生对朋友的宽容——即使朋友说错了,也要先肯定。

D.文章第五段结尾说"我们应该怎样呢?每个心地清明的中国人都会知道得清楚","知道"的内容应该是支持新文艺以及新中国向光明方面发展。

E.本文以与朱自清先生交往的时间为线索,运用了叙议结合的方式,突出了朱先生"忠实朴素"的特点。

(2)文章中写到的朱自清先生的优秀品质很多,请分条概括。

(3)文章结尾一段可不可以删掉?为什么?

(4)朱自清先生对人过于宽容,甚至肯定一个过于主观的批评家"读了不少的书",而第五段又说他"绝不宽容",这是否矛盾?请结合文本探究。

13.(2022·河北)阅读下面诗歌,完成下面小题。

茅屋为秋风所破歌(节选)

杜　甫

安得广厦千万间,大庇天下寒士俱欢颜!风雨不动安如山。

呜呼!何时眼前突兀见此屋,吾庐独破受冻死亦足!

新制布裘

白居易

桂①布白似雪,吴②绵软于云。布重绵且厚,为裘有馀③温。

朝拥坐至暮,夜覆眠达晨。谁知严冬月,支体暖如春。

中夕④忽有念,抚裘起逡巡⑤。丈夫贵兼济,岂独善一身。

安得万里裘,盖裹周四垠⑥。稳暖皆如我,天下无寒人。

【注释】①桂:地名。②吴:地名。③馀:同"余"。④中夕:半夜。⑤逡巡:迟疑徘徊,欲行又止。⑥垠:边际。

(1)《茅屋为秋风所破歌》中,杜甫因_____一事,产生联想,表达内心的愿望;《新制布裘》中,白居易因新制布裘这件事,产生联想,表达自己的愿望。

(2)杜甫和白居易都是唐代现实主义诗歌的代表诗人。这两首诗中作者的境况不同,但抒发的情感有相同之处,都抒发了诗人_____。

14.阅读下面的文言文,回答问题。

【甲】

文帝之后六年,匈奴大入边。乃以宗正刘礼为将军,军霸上;祝兹侯徐厉为将军,军棘门;以河内守亚夫为将军,军细柳:以备胡。

上自劳军。至霸上及棘门军,直驰入,将以下骑送迎。已而之细柳军,军士吏被甲,锐兵刃,彀弓弩,持满。天子先驱至,不得入。先驱曰:"天子且至!"军门都尉曰:"将军令曰'军中闻将军令,不闻天子之诏'。"居无何,上至,又不得入。于是上乃使使持节诏将军:"吾欲入劳军。"亚夫乃传言开壁门。壁门士吏谓从属车骑曰:"将军约,军中不得驱驰。"于是天子乃按辔徐行。至营,将军亚夫持兵揖曰:"介胄之士不拜,请以军礼见。"天子为动,改容式车。使人称谢:"皇帝敬劳将军。"成礼而去。

【乙】

齐景公时,师败于燕、晋。晏婴荐司马穰苴。公以为将军,穰苴曰:"臣素卑贱,人微权轻,愿得君之宠臣以监军。"公使庄贾往。苴与贾约:日中会于军门。苴先驰至军,立表下漏①待贾。夕时贾始至。苴曰:"何后期?"贾曰:"亲戚送之,故留。"苴曰:"将受命之日,则忘其家;临军约束,则忘其亲;援枹鼓之急②,则忘其身。何相送乎?"召军正问曰:"军法期而后至,云何?"对曰:"当斩!"贾始惧,使人驰报景公求救。未及返,遂斩贾以徇三军。久之,公遣使者持节赦贾,驰入军中。穰苴曰:"将在军,君命有所不受。"问军正曰:"军中不驰,今使者驰,云何?"对曰:"当斩!"苴曰:"君之使不可斩。"乃斩其仆、车之左驸、马之左骖,以徇三军。士卒次舍,井灶饮食,问疾医药,身自抚循之。悉取将军之资粮飨士卒,身与亡卒平分粮食,最比其羸弱者。三日而后勒兵于是病者皆求行争出赴战。

(选自《智囊全集》,有删改)

【注释】①立表下漏:立起计时的木表和漏壶。②援枹鼓之急:指战况紧急之时。

(1)下列对句子中加点词语的解释,不正确的一项是　　（　　）

A.军霸上　　　　　　　军:驻军

B.亚夫乃传言开壁门　　壁:营垒

C.军法期而后至　　　　期:约定

D.遂斩贾以徇三军　　　徇:犒赏

(2)下列句子中,加点"于"字的意义和用法与例句相同的一项是　　　　　　　　　　　　　　　　　（　　）

例句:日中会于军门

A.皆以美于徐公

B.庄子与惠子游于濠梁之上

C.箕畚运于渤海之尾

D.不义而富且贵,于我如浮云

(3)下列对选文有关内容的解释和分析,正确的一项是（　　）

A.周亚夫和司马穰苴都属于在外敌侵入边境、军队又连吃败仗的情形下临危受命。

B.两文中的周亚夫和司马穰苴既治军严明又爱护士兵,恩威并用,堪称"真将军"。

C.两文都体现了进入军营不能驱驰的营规和皇帝的使者传诏时需手持符节的礼仪。

D.两文都注重正面描写和侧面描写相结合,通过两位下属的表现刻画将军的形象。

(4)用现代汉语翻译下面的句子。

使人称谢:"皇帝敬劳将军。"成礼而去。

（5）用"/"给下面的句子断句。（限断两处）

三日而后勒兵于是病者皆求行争出赴战。

五、写作

15.捧读一本心爱的书，我们常有走进书中的感觉，书里的故事好像就是自己的故事，书里的情感似乎就是自己的情感，书里的思考仿佛就是自己的思考。

请以《书中有个"我"》为题作文。

要求：①自选文体；②不少于600字；③文中不得出现真实的姓名和校名。

参考答案

名著导读

《说文解字》第一

1. 相传最古的字书是《史籀篇》，通俗的字书是《急就篇》，具有划时代的字书是《说文解字》。《说文解字》是文字学的古典，又是一切古典的工具或门径。

2. 象形，象物形的大概，如"月"。指事，用抽象的符号，指示那无形的事类，如"刃"字，在"刀"形上加一点指示刃之所在。会意，会合两个或两个以上的字为一个字，这一个字的意义是那几个字的意义积成的，如"武"由"止"和"戈"组合会意而成。形声，也是两个字合成一个字，一个字是形，一个字是声；形是意符，声是音标。如"江"字，"水"是形，"工"是声。转注，就是互训。两个字或两个以上的字，意义全部相同或一部分相同，可以互相解释的，便是转注字，也可以叫作同义字。如"考""老"。假借，语言里有许多有音无形的字，借了别的同音的字，当作那个意义用。如代名词，"予""汝""彼"等。

《周易》第二

1. 乾、兑、离、震、艮、坎、巽、坤。

2. 两种方法是卜法和筮法。筮法大概是取一把蓍草，数一下看到的数目，看是奇数还是偶数，以此断定吉凶。卜法是商民族用龟的腹甲或牛的胛骨卜吉凶，他们先在甲骨上钻一下，再用火灼；甲骨经火，有裂痕，便是兆象，卜官细看兆象，断定吉凶。

《尚书》第三

1.中国的记言文是在记事文之先发展的。所谓记言,其实也是记事,不过是一种特别的方式罢了。记言大部分照说的话写下来;虽然也须略加剪裁,但是尽可以不必多费心思。记事需要化自称为他称,剪裁也难,费的心思要多得多。古代言文大概是合一的;说出的写下的都可以叫作"辞"。商代甲骨卜辞大部分是些问句,记事的话不多见。两周金文也还多以记言为主。直到战国时代,记事文才有了长足的进展。

2.《尚书》包括虞夏商周四代;大部分是号令,小部分是君臣相告的话。也有记事的,照近人的说教,那记事的几篇,大都是战国末年人的制作。

《诗经》第四

1.(1)各地方的乐调 (2)形容盛德 (3)连歌带舞,舞有种种样子

2.本来指把骨头、象牙、玉石、石头等加工制成器物,也形容文采好,有修养。后引申为学问上的研究、探讨,指共同研究学习,互相取长补短。

"三礼"第五

1.政治制度、宗教仪式和社会风俗习惯三个方面。

2.B **解析**:题目要求是"治世之音"。A项,楚辞创作于战国时期;C项,《义勇军进行曲》诞生于抗日战争时期;D项,《石壕吏》创作于唐朝"安史之乱"时期。均非"治世"。只有B项的《霓裳羽衣舞》创编于盛唐时期,这是著名的"治世"。

"春秋三传"第六(国语附)

1.《公羊传》《穀梁传》和《左传》。

2.写战争经过高度概括,通过曹刿说的"未可""可矣"和"下视其辙,登轼而望之"的动作,形象地表现了曹刿胸有成竹、待机而动的思想性格。对鲁庄公的描写,用了"将鼓""将驰"两个词语,就写出了他的急躁冒进的特点。这段文字,将《左传》在战争描写上既头头是道又有声有色的特点体现了出来。

"四书"第七

1.《大学》在"四书"中有提纲挈领的作用,学好《大学》便能领会《论》《孟》里精微的分别去处;融会贯通了《论》《孟》的旨趣,也便能领会《中庸》里的心法。

2.五伦为儒家伦理原则的五种德目,是中国传统社会基本的五种人伦关系,即父子、君臣、夫妇、兄弟、朋友五种关系,是狭义的"人伦",忠、孝、悌、忍、善是"五伦"关系的准则。

3.格物、致知、诚意、正心、修身、齐家、治国、平天下。

《战国策》第八

1.铺陈的伟丽,叱咤的雄豪,固然传达出来了;而那些曲折微妙的声口,也丝丝入扣,千载如生。

2.齐孟尝君出使秦被昭王扣留,孟一食客装狗钻入秦营,偷出狐白裘献给昭王妾以说情放孟。孟逃至函谷关时昭王又令追捕。另一食客装鸡叫引众鸡齐鸣骗开城门,孟得以逃回齐。"鸡鸣狗盗"后来就成为一个成语,比喻卑下的技能或具有这种技能的人。

《史记》《汉书》第九

1.《史记》体例有五:十二本纪,记帝王政迹,是编年的。十表,以分年略记世代为主。八书,记典章制度的沿革。三十世家,记侯国世代存亡。七十列传,类记各方面人物。史家称为"纪传体",因为"纪传"是最重要的部分。

2.窦宪和班固。

3.司马迁觉得自己身废名裂,要发抒意中的郁结,只有著述这一条通路,于是发愤写书。慨叹天道的无常,世变的无常;他悲天悯人,发为牢骚抑扬之辞。

诸子第十

1.儒士的代表是孔子、孟子,武士的代表是墨翟,方士的代表是驺衍。

2.D　**解析**:惠子与庄子两人的对话轻松风趣,并不给人"话锋强硬,咄咄逼人"之感。

辞赋第十一

1.楚辞为屈原所创,富楚地特色,具浪漫色彩,委婉而多情致。

2."诗人之赋丽以则"是指这一类的赋尚不失讽喻精神,虽"丽"而有法度;诗人之赋,指的是屈原的骚赋。"辞人之赋丽以淫"则指这一类的赋辞章上过分注意修饰而失去了讽谏的意义;辞人之赋指的唐勒、景差、宋玉、枚乘之赋。

3.含义:离骚者,犹离忧也。原因:疾王听之不聪也,谗谄之蔽明也,邪曲之害公也,方正之不容也,故忧愁幽思而作离骚。

诗第十二

1."李杜"是李白和杜甫,"小李杜"是李商隐和杜牧,"王孟"是王维和孟浩然,"温李"是温庭钧和李商隐,"苏黄"是苏轼和黄庭坚。

2.古体诗　《诗经》是唐代以前的作品,是四言,近体诗没有四言的;用韵较随意,中途换韵,并没有双数句都押韵。

文第十三

1.铺张、排偶、用典故。

2.《始得西山宴游记》《钴鉧潭记》《钴鉧潭西小丘记》《至小丘西小石潭记》《袁家渴记》《石渠记》《石涧记》《小石城山记》。

3.(1)三国演义 西游记

(2)因为《红楼梦》是文人写的白话小说,书里的故事互相关联,"一以贯之"。

阅读评价

中考链接

1.A **解析**:"主题都控诉了战争带给人们的灾难"表述有误。《十五从军征》控诉了战争带给人们的灾难。《木兰诗》赞扬了木兰替父从军的勇敢善良的品质、保家卫国的热情和英勇无畏的精神。

2.(1)罕 (2)天罗地网(门可罗雀、星罗棋布等) (3)罔 (4)网

解析:(1)根据后面的成语"人迹～至"可知这个字是"罕"。人迹罕至:人的足迹很少到达;指荒凉偏僻的地方。(2)含有"罗"字的成语有星罗棋布、门可罗雀、包罗万象、自投罗网、天罗地网、万象森罗等。(3)根据后面的名句"学而不思则～"可知这个字是"罔"。学而不思则罔:只是学习却不思考就会感到迷茫而无所适从。(4)根据"汉字"一项中的三个汉字的篆文字形可知,这三个字的偏旁都是一个"网"字。

3.(1)白露为霜 水何澹澹

(2)会当凌绝顶 一览众山小 千古兴亡多少事 悠悠 不尽长江滚滚流

(3)海日生残夜 江春入旧年 山重水复疑无路 柳暗花明又一村

(4)醉翁之意不在酒　在乎山水之间也

(5)示例:杨花落尽子规啼　闻道龙标过五溪;常记溪亭日暮沉醉不知归路;缘溪行　忘路之远近(符合题目要求即可)

4.B　**解析**:回顾:回过头看;回想过去,思考过去发生的事件;对某一时期的事态的总的观察。环顾:四顾,观察四周。根据语境"我们的周边"分析,"环顾"符号语境,排除A、C。无处不在:无论什么地方都有,形容到处都存在,到处都有。俯拾皆是:只要低下头来捡取,到处都是。形容多而易得。语境是表达文字存在范围广,并不是形容文字多而易得,所以"无处不在"符合语境。伴随:指陪伴;随同,强调在同一之间随之发生。跟随:指跟从在后面。文字和字体是如影随形的关系,所以"伴随"符合语境。也是:表示同样、并行、并列等。就是:表示解释说明,是对某事物或观点的肯定。语境中的"我们对其进行解读的同时"与"在认识我们自己"不是表并列关系,而是解释说明,表示一种肯定的观点,所以应该用"就是"。故选B。

5.(1)示例:首句"鸟啼花发柳含烟"是起句,诗人点出了此时其身处的美好风光,可是风光大好,诗人却在第二句用了"掷却",这说明了诗人此时带愁,无暇眷顾风景,而是回忆起自己的少年时光。后两句,诗人回忆少年时光,心里很愉悦,于是更上高楼,眺望远处一江绵绵春水,心潮起伏,想着何时故乡才能迎来他的这一只归船,诗人愁之来源,是身处异乡而不得归之苦。四句起承转合,一句一转换,巧妙抒发游子对故乡的深深思念。

(2)AD　**解析**:B项,"寄语少年应珍惜青春时光"错误,莺歌燕舞、百花齐放、绿柳如烟,这是多么美的春光,可是诗人却将美景抛在一边,回忆起自己的少年时光。眼前的春光很美,可是记忆中故乡的春光更美,诗人登高远眺,希望能有一叶扁舟载着他回到故乡。本诗抒发了作者对家乡的思念之情,并没有"寄语少年应珍惜青春时光"之意。C项,"看到迎接他的归船"错误,后两句是虚写,诗人开始去眺望故乡,想着何时故乡才能迎来他的这一只归船,并非真正看到迎接他的归船。

6.(1)C **解析:**《饮酒》(其五)主要表现隐居生活的情趣,写诗人于劳动之余,饮酒至醉之后,在晚霞的辉映之下,在山岚的笼罩之中,采菊东篱,遥望南山;全诗感觉和情理浑然一体,物我合一(物我交融),不可分割;表现了作者悠闲自得的心境和对宁静自由的田园生活的热爱,对黑暗官场的鄙弃和厌恶,抒发作者宁静安详的心态和闲适自得的情趣,以及返回自然的人生理想,又写出了作者欣赏以及赞叹大自然给人带来的情感。"物我分离"的分析有误;故选C。

(2)D **解析:**根据《桃花源记》第四段"寻向所志,遂迷,不复得路",第五段"南阳刘子骥,高尚士也,闻之,欣然规往。未果,寻病终。后遂无问津者"可知,渔人按照先前做的标记寻找桃花源却迷路,刘子骥寻找桃花源未果,暗示桃花源不过是作者构想的理想世界罢了,而非"真实存在的桃花源";故选D。

(3)义熙二年/解印去县/乃赋《归去来》。

解析:根据文言文断句的方法,先梳理句子大意,结合语法,然后断句。句意:义熙二年,将印绶交还离开了彭泽县,于是作了《归去来兮辞》。"义熙二年"为时间状语,在其后应断一处;"乃"为连词,引出后文的事,应在"乃"前断一处;故断为:义熙二年/解印去县/乃赋《归去来》。

(4)①妻子儿女 ②与人世隔绝的地方 ③没有出路的困境,

|193|

进退维谷的境地(意对即可)　④不要说,更不必说

（5）①老人和小孩们个个都安适愉快,自得其乐。②他少年时心怀高尚,知识渊博善于做文章。

（6）"晋太元中"点明故事发生的时间,使故事真实可信;"自云先世避秦时乱"点明来到桃花源的原因;"乃不知有汉,无论魏晋"点明距今(晋太元中)时代久远,在这里的生活安静平和,引出后文渔人对外面世界的描述,将桃花源的美好生活与外面的世界形成对比。

解析:"晋太元中,武陵人捕鱼为业"意思是东晋太元年间,武陵郡有个人以打鱼为生。点明故事发生的时间,交代渔人的职业,作为故事的发端,引出后文渔人所见的奇异景色及在桃花源的经历。"自云先世避秦时乱"意思是他们自己说他们的祖先为了躲避秦时的战乱。点明来到桃花源的时间及来桃花源的原因(躲避战乱),暗示桃花外的世界战争不断,百姓流离失所,苦不堪言,与物产丰富、生活恬静的桃花源形成鲜明对比。"问今是何世,乃不知有汉,无论魏晋"意思是他们问渔人现在是什么朝代,他们竟然不知道有过汉朝,更不必说魏、晋两朝了。桃花源人不知道如今的朝代,不知道从秦时进入桃花源过了多久,说明桃花源人在此地生活的时间长,与世隔绝,生活和美。

（7）陶渊明知识渊博,向往宁静自由的田园生活,鄙弃和厌恶官场的黑暗,不与世俗同流合污,不慕名利,志向远大,胸怀宽广高洁。

解析:《饮酒》(其五)主要表现隐居生活的情趣,表现了作者悠闲自得的心境和对宁静自由的田园生活的热爱,对黑暗官场的鄙弃和厌恶,抒发作者宁静安详的心态和闲适自得的情趣,以及

返回自然的人生理想;《桃花源记》中的桃花源是一个与黑暗现实社会相对立的美好境界,反衬出当时那个社会的腐败,民不聊生,寄托了陶渊明的社会及政治理想,也反映了当时人民的美好意愿,表现了作者对没有战乱、宁静和平和自由和谐的理想社会(生活)的追求;根据《陶潜传(节选)》第一段"少怀高尚,博学善属文。颖脱不羁,任真自得"可知,陶渊明心怀高尚,知识渊博,洒脱大方不拘谨,有真性情;根据第二段"素简贵,不私事上官""吾不能为五斗米折腰,拳拳事乡里小人邪"可知,陶渊明为人节俭,不与世俗同流合污,不慕名利。据此表述陶渊明的性格特点及追求,来体现陶渊明受推崇的原因即可。

参考译文:

陶潜传(节选)

陶潜,字元亮,他少年时心怀高尚,知识渊博善于做文章,洒脱大方不拘谨,自得于真性情,被乡里邻居所看重。

(他)向来简朴自爱,不谄媚长官。郡里派遣督邮到他的县,他的下属说应该束上带子(穿正装)见督邮,陶潜叹息说:"我不能为五斗米(这些俸禄)弯腰(丧失尊严),小心谨慎地为乡下的小人做事啊!"义熙二年,将印绶交还,离开了彭泽县,于是做了《归去来兮辞》。

拓展提升

1.(1)C **解析:** C项中的"江""河"是形声字,三点水是形旁,"工""可"是声符。

(2)A.日 B.月 C.山 D.龟

2.(1)海内存知己 (2)千里共婵娟 (3)长风破浪会有时 (4)会当凌绝顶 (5)病树前头万木春 (6)柳暗花明又一村 (7)逝者如斯夫 不舍昼夜 (8)不以物喜 不以己悲

3.(1)C　(2)A　(3)B

4.(1)选择性阅读是一种理性的、目的性很强的阅读方式。我国古代学者很重视选择性阅读,苏轼建议每次阅读只关注某一方面的内容,不贪多求全。我们今天所处的时代,是一个信息爆炸的时代。知识增长的速度大大超过个人的接受速度,引发了学习方式的变革,选择性阅读也变得更加重要。

(2)摘抄和做笔记　采用编写提纲的方法,用精练的语言准确概括每一篇的内容要点,这样就能够快速把握篇章内容,达到纲举目张的效果。

5.同意。这种阅读方法属于选择性阅读,读整本书,特别是读《经典常谈》这种内容涉及面较广的作品时,可以选择自己最感兴趣的部分作为切入点。《〈诗经〉第四》专门介绍中国的第一部诗歌总集《诗经》,它是中国诗歌现实主义的源头;《辞赋第十一》介绍屈原的《楚辞》及辞赋的发展过程,屈原的《楚辞》是中国诗歌浪漫主义的源头;《诗第十二》从汉乐府诗开始至宋代诗歌,介绍中国古代诗歌的发展脉络,同时介绍楚辞对后代诗歌的影响等。将这三篇组合阅读,可以让我们对中国古代诗歌有一个完整的了解。

6.示例:战国时期,有一个人叫苏秦,年轻时学问不深,到好多地方做事都不受重视,连家人也瞧不起他。他深受刺激,开始发奋读书,他常常读书到深夜,想打瞌睡时就用锥子往大腿上刺一下,使自己清醒,继续读书。

7.(1)儒家经典"四书"的演变过程。

(2)选段二中的"小学"是学童学习的初始阶段,主要是学习洒扫进退的规矩和礼、乐、射、御、书、数等"六艺"最基本的常识和本领。而《〈说文解字〉第一》中说的"小学"是指研究文字的形音义。

（3）格物致知是基础，目的是让人诚意、正心、修身、齐家、治国、平天下。而诚意、正心、修身是个人的品德修养，个人的品德修养到了一种境界，才能去管理好一个家庭，然后才能治理好一个国家，最后才能安定天下。所以说这是一个循序渐进的过程。

8.（1）江月　跳鱼

解析：意象即诗中出现的景物，可组成特定的意境。"江月去人只数尺，风灯照夜欲三更"意为水中的月影离我只有数尺之远，船中桅杆上的风灯照耀着夜空，时间马上就要进入三更天。由此可知，"江月""风灯"都是其中的意象；"沙头宿鹭联拳静，船尾跳鱼拨刺鸣"的意思是栖息在沙滩上的白鹭静静地蜷身而睡，突然船尾方向传来"拨刺"一声，原来有一条鱼儿跃出水面。由此可见，"宿鹭""跳鱼"也是文中的意象。

（2）示例一：第四句写"跳鱼""拨刺"之动，前三句写江上月夜之静，以动衬静，衬托出江上月夜的静谧。示例二：以第四句"跳鱼""拨刺"之动衬托第三句"宿鹭联拳"之静，营造出一种恬淡、静谧的意境。

解析：第四句"船尾跳鱼拨刺鸣"写的是从船尾方向有一条鱼儿跃出水面，发出"拨刺"一声响。联系前三句可知，诗的前三句刻画的"江月""风灯"及"宿鹭"都突出一个"静"字，而末句却有"跳鱼"之动，"拨刺"之响，是写动、写声，似乎破了静谧之境，然而其表达效果恰好相反，以动破静，愈见其静；以声破静，愈见其静。故这一以动衬静，营造出一种恬淡、静谧的意境，衬托出江上月夜的静谧。综上分析，概括作答即可。

|197|

综合测试

1.佩弦　扬州　诗人

2.说文解字　诗经　史记

3.经　史　子　集　小学

4.(1)寤寐求之

(2)博学而笃志

(3)云生结海楼

(4)家书抵万金

(5)飞来山上千寻塔

(6)衡阳雁去无留意

(7)云归而岩穴暝

5.C　**解析**:通过《"三礼"第五》中的"从来礼乐并称,但乐实在是礼的一部分;乐附属于礼用来补助仪文的不足"可知,C项中"'乐'在古代与'礼'并称,二者各自独立,具有教化作用"表述有误。

6.B　**解析**:是"东汉许慎"而不是"秦朝李斯"。

7.C　**解析**:没有"'滥忧'"的意思。

8.C　**解析**:《论语》是春秋时期思想家、教育家孔子的弟子及再传弟子记录孔子及其弟子言行而编成的语录文集,并不是史书,C项说法有误。

9.D　**解析**:《辞赋第十一》主要讲述了屈原作《离骚》的过程,这一部分介绍了屈原的人生经历和他的爱国之情。故选D项。

10.(1)屈原

(2)这句诗的表层含义为光阴如梭,美人的青春就像日益飘零的草木。屈原将楚怀王比作"美人",担心的是楚怀王步入衰残的暮年,他感叹岁月无情,来日无多,只希望能把握住短暂的人生,做出一番事业,表达了对楚怀王的忠诚和担忧。

(3)A

(4)示例:《江雪》是铺排。诗人铺排了"鸟飞绝""人踪灭""蓑笠翁"三个印象,突出了"江雪"的幽静,又运用"千山""万径""绝""灭"等词,显得更为幽静。

11.(1)①学而时习之　②不义而富且贵　③其不善者而改之④失道者寡助

(2)示例:在学习方面,告诫我们要经常学习,热爱学习,善于学习别人的长处;在交往方面,告诫我们要宽以待人,对人忠诚,讲求义气;在做人方面,告诫我们要有仁爱之心,有理想、有志向,培养自身正气。(任答两个方面即可)

12.(1)BC　**解析:**B项中的"乡愿"望文生义,理解错误。C项"即使朋友说错了,也要先肯定"错误。

(2)①与人谈话保持诚挚和虚心的态度;②对待他人公平,没有偏见;③对恶势力绝不妥协宽容;④做事情坚持原则(或公正),脚踏实地。

解析:从以下几个方面切入:①人物的身份、经历、教养、气质等;②人物的外貌、神态、语言、动作、心理等;③特定的社会历史背景;④作者对人物的感情倾向。

(3)不可以。最后一段与第一段照应,使文章浑然一体;用《雪朝》收束全文,高度概括朱自清先生的质朴精神和对中国新文学的贡献。

解析:分析句段作用可从三个角度去思考:①从内容本身所写。就是看该句段写了什么内容,对表现主旨、抒发情感等有哪些

|199|

作用。②从上下文关联。即这些句段在上下文起到了什么样的关联作用。这是思考的主体部分。这时的答案应具体。如答"过渡",必须写出由什么内容过渡到什么内容,"照应"是与哪些内容相照应。③结合表现手法考虑结构方面的作用。

(4)朱先生的宽容,指的是他身上的人道主义精神,以及对每一个文艺工作者工作的肯定,这也是他对新文艺支持的一种表现;"绝不宽容"是指对恶势力,是为了用文字与行动支持新文艺以及新中国向着光明方面的发展。

解析:答题时有两个方向,分别为向内挖掘和向外扩展,向内挖掘要结合文章中的内容答题,向外扩展要结合现实,如没有明确的要求,不做向外扩展式答题。向内挖掘又有两种:第一种,就某一点作深入的探究;第二种,多个角度列举,适用于叙述较宽泛,但都不深入的文章。本题适用第二种方式,答题时对每个段落进行归类,得出关键词语,一定要结合原文事例。

13.(1)茅屋为秋风所破(或"秋风破屋")

(2)推己及人的博大胸襟、忧国忧民的爱国精神和心系天下寒士的济世情怀。

14.(1)D　**解析**:"徇",意思是对众宣示。

(2)B　**解析**:A项,介词,比;B项,介词,在;C项,介词,到;D项,介词,对,对于。故选B。

(3)C　**解析**:A项,根据【甲】文"文帝之后六年,匈奴大入边""以备胡"可知,周亚夫是在匈奴入侵边境的情况下驻守细柳,但文中并未交代"军队又连吃败仗的情形",故表述有误。B项,【甲】文"将军令曰'军中闻将军令,不闻天子之诏'""将军约,军中不得驱驰""介胄之士不拜,请以军礼见",都体现的是周亚夫治军严格、刚正不阿的形象。并未体现其"爱护士兵,恩威并用"。D项,【甲】文"天子为动,改容式车。使人称谢:'皇帝敬劳将军。'成礼而去",此处通过皇帝慰劳军队将士这一侧面描写,突出将军的形象。本项所表述的"通过两位下属的表现"有误。故选C。

(4)文帝派人致意说:"皇帝敬重地慰劳将军。"劳军礼仪完毕后辞去。

(5)三日而后勒兵/于是病者皆求行/争出赴战。

参考译文:

【乙】

齐景公时,齐国的军队被燕国和晋国打得大败。晏婴向景公推荐田穰苴。景公任命他做了将军,穰苴说:"我的地位一向卑微低贱,人的资望轻微,权威就树立不起来,希望能派一位君王宠信、国家尊重的大臣来做监军。"于是景公派庄贾前往。穰苴和庄贾约定说:"明天正午在营门会齐。"第二天穰苴率先赶到营门,立起了木表和漏壶,等待庄贾。到了日暮时分,庄贾才到来。穰苴说:"为什么比约定时刻迟了?"庄贾说:"亲戚朋友给我送行,所以耽搁了。"穰苴说:"将领从接受任命的那一天起,就应当忘记自己的家庭;来到军队宣布规章号令后,就应该忘掉私人的交情;擂鼓进军战况紧急时刻,就应当忘掉自己的生命。还说什么送行呢?"于是把军法官召来,问道:"军法上对约定时刻迟到的人,怎么说的?"军法官回答说:"应当斩首。"庄贾害怕了,派人飞马报告景公,请他搭救。报信人去后不久,还没有来得及返回,庄贾就被斩首以向三军巡行示众。过了好长时间,齐景公派的使者才拿着符节来赦免庄贾,车马飞奔直入军营。穰苴说:"将领在军队里,国君的命令有的可以不接受。"

|201|

又问军法官说:"不能在军营里驾着车马奔驰,现在使者驾着车马奔驰,军法上是怎么说的?"军法官说:"应当斩首!"使者异常恐惧。穰苴说:"国君的使者不能斩首。"就斩了使者的仆从,砍断了左边的夹车木,杀死了左边驾车的马,向三军巡行示众。士兵们安营扎寨,掘井立灶,饮水吃饭,探问疾病,安排医药,穰苴都亲自过问并抚慰他们,还把作为将军专用的物资粮食全都拿出来款待士兵,自己和士兵平分粮食,特别照顾体弱有病的。三天后重新整训军队,准备出战,病弱的士兵都要求前行,争先奋勇地奔赴战场战斗。

15.**写作提示**:"书中有个'我'",既要写出读"书"的共性,也要彰显自我的个性。书里的"我"应该就是作者自己,只是书中的人物角色与"我"相通。"有个"又起到了限制作用。"有个"强调数量为一,也可以写不同的书,不同的"我",最后组合为一个丰富的"我";"我"则要求写作对象是第一人称。写好这篇文章,要以"我"观书,将"我"融入书中,经历书里故事的跌宕起伏,感受书里情感的喜怒哀乐,思考书中人物的前途命运,与书中人物同呼吸共命运。可以从生活经历、情感体验和理性思考等方面来立意和选材。

名著导读

的,不得而知;他的学生却只用当时的隶书钞录流布。这就是东汉以来所谓《今尚书》或《今文尚书》。汉武帝提倡儒学,立"五经"博士;宣帝时每经又都分家数立官,共立了十四博士。每一博士各有弟子员若干人。每家有所谓"师法"或"家法",从学者必须严守。**这时候经学已成利禄的途径,治经学的自然就多起来了。**《尚书》也立下欧阳(和伯)、大小夏侯(夏侯胜、夏侯建)三博士,却都是伏生一派分出来的。当时去伏生已久,传经的儒者为使人尊信的缘故,竟有硬说《尚书》完整无缺的。**他们说,二十九篇是取法天象的,一座北斗星加上二十八宿,不正是二十九吗!** 这二十九篇,东汉经学大师马融、郑玄都给作过注;可是那些注现在差不多亡失干净了。

> ☆ 批注
>
> 交代历史背景,治经学是为了利禄,后文对此也有所提及。

> ☆ 批注
>
> 二十八星宿以北斗星斗柄所指的角宿为起点,由西向东排列。中国古代选作观测日、月、五星在星空中的运行及其他天象相对标志。

汉景帝时,鲁恭王为了扩展自己的宫殿,去拆毁孔子的旧宅。在墙壁里得着"古文"经传数十篇,其中有《书》。这些经传都是用"古文"写的;所谓"古文",其实只是晚周民间别体字。**那时恭王肃然起敬,不敢再拆房子,并且将这些书都交还孔家的主人孔子的后人叫孔安国的。** 安国加以整理,**发见其中的《书》比通行本多出十六篇;这称为《古文尚书》。** 武帝时,安国将这部书献上去。因为语言和字体的两重困难,一时竟无人能通读那些"逸书",所以便一直压在皇家图书馆里。成帝时,刘向、刘歆父子先后领校皇家藏书。刘向开始用《古文尚书》校勘今文本子,校出今

> ☆ 批注
>
> 《古文尚书》的由来,起端于鲁恭王(刘馀)拆毁孔子的旧宅,由孔安国整理出来。

029

《经典常读》阅读指导

文脱简及异文各若干。哀帝时,刘歆想将《左氏春秋》《毛诗》《逸礼》及《古文尚书》立博士;这些都是所谓"古文"经典。当时的"五经"博士不以为然,刘歆写了长信和他们争辩。这便是后来所谓今古文之争。

今古文之争是西汉经学一大史迹。所争的虽然只在几种经书,他们却以为关系孔子之道即古代圣帝明王之道甚大。**"道"其实也是幌子,骨子里所争的还在禄位与声势;当时今古文派在这一点上是一致的。** 不过两派的学风确也有不同处。**大致今文派继承先秦诸子的风气,"思以其道易天下",所以主张通经致用。** 他们解经,只重微言大义;而所谓微言大义,其实只是他们自己的历史哲学和政治哲学。**古文派不重哲学而重历史,他们要负起保存和传布文献的责任;所留心的是在章句训诂典礼名物之间。** 他们各得了孔子的一端,各有偏畸的地方。到了东汉,书籍流传渐多,民间私学日盛。私学压倒了官学,古文经学压倒了今文经学;学者也以兼通为贵,不再专主一家。但是这时候"古文"经典中《逸礼》即《礼》古经已经亡佚,《尚书》之学,也不昌盛。

东汉初,杜林曾在西州(今新疆境)得漆书《古文尚书》一卷,非常宝爱,流离兵乱中,老是随身带着。 他是怕"《古文尚书》学"会绝传,所以这般珍惜。当时经师贾逵、马融、郑玄都给那一卷《古文尚书》作注,从此《古

> ☆批注
> 今文、古文两派在禄位和声势上的相争是一致的。

> ☆批注
> 今文派主张通经致用,解经只重微言大义。

> ☆批注
> 古文派不重哲学而重历史,要担负保存和传布文献的责任。

> ☆批注
> 杜林得《古文尚书》一卷。这是又一珍贵的发现。

文尚书》才显于世。原来"《古文尚书》学"直到贾逵才真正开始；从前是没有什么师说的。而杜林所得只一卷，决不如孔壁所出的多。学者竟爱重到那般地步。大约孔安国献的那部《古文尚书》，一直埋没在皇家图书馆里，民间也始终没有盛行，经过西汉末年的兵乱，便无声无臭的亡失了罢。杜林的那一卷，虽经诸大师作注，却也没传到后世；这许又是三国兵乱的缘故。**《古文尚书》的运气真够坏的，不但没有能够露头角，还一而再地遭到了些冒名顶替的事儿。** 这在西汉就有。汉成帝时，因孔安国所献的《古文尚书》无人通晓，下诏征求能够通晓的人。**东莱有个张霸，不知孔壁的书还在。** 便根据《书序》，将伏生二十九篇分为数十，作为中段，又采《左氏传》及《书序》所说，补作首尾，共成《古文尚书百二篇》。每篇都很简短，文意又浅陋。他将这伪书献上去。成帝教用皇家图书馆藏着的孔壁《尚书》对看，满不是的。成帝便将张霸下在狱里，却还存着他的书，并且听它流传世间。后来张霸的再传弟子樊并谋反，朝廷才将那书毁废；这第一部伪《古文尚书》就从此失传了。

到了三国末年，**魏国出了个王肃，是个博学而有野心的人。** 他伪作了《孔子家语》《孔丛子》，又伪作了一部孔安国的《古文尚书》，还带着孔安国的传。他是个**聪明**人，伪造这部《古文尚书》孔传，是很费了心思的。他采辑群籍中所引"逸书"，

> ☆ 批注
> 语言诙谐，承上启下。引出下文对《尚书》被冒名顶替的故事的叙述。

> ☆ 批注
> 介绍张霸的伪《古文尚书》的诞生与失传。

> ☆ 批注
> 王肃博学而有野心，才会有伪作的资本和动力。

> ☆ 批注
> "聪明"一说让人忍俊不禁。王肃真的聪明吗？

《经典常读》阅读指导

以及历代嘉言,改头换面,巧为联缀,成功了这部书。他是参照汉儒的成法,先将伏生二十九篇分割为三十三篇,另增多二十五篇,共五十八篇,以合于东汉儒者如桓谭、班固所记的《古文尚书》篇数。所增各篇,用力阐明儒家的"德治主义",满纸都是仁义道德的格言。这是汉武帝罢黜百家,专崇儒学以来的正统思想,所谓大经大法,足以取信于人。只看宋以来儒者所口诵心维的"十六字心传",正是他伪作的《大禹谟》里,便见出这部伪书影响之大。其实《尚书》里的主要思想,该是"鬼治主义",像《盘庚》等篇所表现的。"原来西周以前,君主即教主,可以为所欲为,不受什么政治道德的拘束。**逢到臣民不听话的时候,只要抬出上帝和先祖来,自然一切解决。**"这叫作"鬼治主义"。"西周以后,因疆域的开拓,交通的便利,富力的增加,文化大开。自孔子以至荀卿、韩非,他们的政治学说都建筑在人性上面。尤其是儒家,把人性扩张得极大。**他们觉得政治的良好只在诚信的感应;只要君主的道德好,臣民自然风从,用不到威力和鬼神的压迫。**"这叫作"德治主义"。看古代的档案,包含着"鬼治主义"思想的,自然比包含着"德治主义"思想的可信得多。但是王肃的时代早已是"德治主义"的时代,他的伪书所以专从这里下手。他果然成功了。**只是词旨坦明,毫无诘屈聱牙之处,却不免露出了马脚。**

> ☆ 批注
> 介绍什么是"鬼治主义"。

> ☆ 批注
> 介绍什么是"德治主义"。

> ☆ 批注
> "露马脚"已是千年之后的事情了。

晋武帝时候,孔安国的《古文尚书》曾立过博士;这《古文尚书》大概就是王肃伪造的。王肃是武帝的外祖父,当时即使有怀疑的人,也

032

名著导读

不敢说话。可是后来经过怀帝永嘉之乱，这部伪书也散失了，知道的人很少。东晋元帝时，豫章内史梅赜发现了它，便拿来献到朝廷上去。这时候伪《古文尚书》孔传便和马、郑注的《尚书》并行起来了。大约北方的学者还是信马、郑的多，南方的学者才是信伪孔的多。等到隋统一了天下，南学压倒了北学，马、郑《尚书》，习者渐少。唐太宗时，因章句繁杂，诏令孔颖达等编撰《五经正义》；高宗永徽四年（西元六五三），颁行天下，考试必用此本。《正义》成了标准的官书，经学从此大统一。**那《尚书正义》便用的伪《古文尚书》孔传。** 伪孔定于一尊，马、郑便更没人理睬了；日子一久，自然就残缺了，宋以来差不多就算亡了。伪《古文尚书》孔传如此这般冒名顶替了一千年，直到清初的时候。

> ☆ 批注
> 伪《古文尚书》竟能成为《尚书正义》，达到了"假作真时真亦假"的地步。

这一千年中间，却也有怀疑伪《古文尚书》孔传的人。**南宋的吴棫首先发难。**他有《书稗传》十三卷，可惜不传了。朱子因孔安国的"古文"字句皆完整，又平顺易读，也觉得可疑。但是他们似乎都还没有去找出确切的证据。至少朱子还不免疑信参半；他还采取伪《大禹谟》里"人心""道心"的话解释《四书》，建立道统呢。**元代的吴澄才断然地将伏生今文从伪古文分出；他的《尚书纂言》只注解今文，将伪古文除外。** 明代梅鷟著《尚书考异》，**更力排伪孔，并找出了相当的证据**。但是严密钩稽【钩稽：查考。】决疑定谳的人，还得等待清代的学者。这里该提出三个可尊敬的名字。第一是清初的阎若璩，著《古文尚书疏证》。第二是惠栋，著《古文尚书

> ☆ 批注
> "首先发难"的吴棫（约1100 - 1154），足以让人敬佩。

> ☆ 批注
> 叙述元明两代学者为排除伪书做出的努力和贡献。

033

《经典常读》阅读指导

考》；两书辨析详明，证据确凿，教伪孔体无完肤，真相毕露。但将作伪的罪名加在梅赜头上，还不免未达一间。第三是清中叶的丁晏，著《尚书余论》，才将真正的罪人王肃指出。**千年公案，从此可以定论。** 这以后等着动手的，便是搜辑汉人的伏生《尚书》说和马、郑注。这方面努力的不少，成绩也斐然可观；不过所能做到的，也只是抱残守缺的工作罢了。**伏生《尚书》从千年迷雾中重露出真面目，清代诸大师的劳绩是不朽的。** 但二十九篇固是真本，其中也还该分别的看。**照近人的意见，"周书"大都是当时史官所记，只有一二篇像是战国时人托古之作。"商书"究竟是当时史官所记，还是周史官追记，尚在然疑之间。"虞夏书"大约多是战国末年人托古之作，只《甘誓》那一篇许是后代史官追记的。** 这么着，《今文尚书》里便也有了真伪之分了。

> ☆ 批注
>
> 读至此，令人长舒一口气。

> ☆ 批注
>
> 《尚书》的真正面目露出来了，与前文伏生的《尚书》照应。

> ☆ 批注
>
> 这就是《尚书》的本来样子吧。

参考资料：

- 王先谦《尚书孔传参正序例》及卷三十六《伪孔安国序》
- 顾颉刚《论今文尚书著作时代书》(《古史辨》第一册)

034

名师点评

《尚书》的命运真是够坏的,不但没有崭露头角,反而一再地遭受冒名顶替的事儿。真的假不了,历经千年,在诸多人的努力下,伏生的《尚书》终于突破雾霭露出真面目。赞颂伏生,怒呵王肃之流吧。

阅读思考

1.你对记言文和记事文有哪些认识?

2.《尚书》的内容有哪些?

《诗经》第四

导读提示

提到《诗经》，我们知道的就是"我国第一部诗歌总集"。那么，"诗三百"是怎么来的？《诗经》中的风雅颂和赋比兴应该如何理解呢？《诗序》中的内容又有哪些呢？读罢本文，再去阅读《诗经》中的诗歌，我们会有更为深入的认识。

诗的源头是歌谣。 上古时候，没有文字，只有唱的歌谣，没有写的诗。一个人高兴的时候或悲哀的时候，常愿意将自己的心情诉说出来，给别人或自己听。日常的言语不够劲儿，便用歌唱；一唱三叹的叫别人回肠荡气。唱叹再不够的话，便手也舞起来了，脚也蹈起来了，反正要将劲儿使到了家。碰到节日，大家聚在一起酬神作乐，唱歌的机会更多。或一唱众和，或彼此竞胜。**传说葛天氏的乐八章，三个人唱，拿着牛尾，踏着脚，**

> ☆ 批注
>
> 开门见山，总领下文，表明诗歌的历史源远流长。

名著导读

似乎就是描写这种光景的。歌谣越唱越多，虽没有书，却存在人的记忆里。有了现成的歌儿，就可借他人酒杯，浇自己块垒；随时拣一支合适的唱唱，也足可消愁解闷。若没有完全合适的，尽可删一些改一些，到称意为止。流行的歌谣中往往不同的词句并行不悖，就是为此。可也有经过众人修饰，成为定本的。歌谣真可说是"一人的机锋【一人的机锋：佛教禅宗名词。指机警犀利的话语，也指话语里的锋芒。】，多人的智慧"了。

> ☆ 批注
> 与上文中说的手舞足蹈相照应。用例子证实了歌谣"将幼儿使到了家"。

　　歌谣可分为徒歌和乐歌。徒歌是随口唱，乐歌是随着乐器唱。徒歌也有节奏，手舞脚蹈便是帮助节奏的；可是乐歌的节奏更规律化些。乐器在中国似乎早就有了，《礼记》里说的土鼓土槌儿、芦管儿，也许是我们乐器的老祖宗。到了《诗经》时代，有了琴瑟钟鼓，已是洋洋大观【洋洋大观：形容事物繁多，丰富多彩。】了。**歌谣的节奏最主要的靠重叠或叫复沓；**本来歌谣以表情为主，只要翻来覆去将情表到了家就成，用不着费话。重叠可以说原是歌谣的生命，节奏也便建立在这上头。字数的均齐，韵脚的调协，似乎是后来发展出来的。有了这些，重叠才在诗歌里失去主要的地位。

> ☆ 批注
> 介绍歌谣的两种类型和特点。徒歌也有节奏，但乐歌是随着乐器唱，节奏更规律。

> ☆ 批注
> 节奏最主要的表现方式是重叠，重叠是歌谣的生命。

　　有了文字以后，才有人将那些歌谣纪录下来，便是最初的写的诗了。但纪录的人似乎并不是因为欣赏的缘故，更不

> ☆ 批注
> 最初的诗就是用文字记录下来的歌谣。

037

《经典常读》阅读指导

是因为研究的缘故。他们大概是些乐工，乐工的职务是奏乐和唱歌；唱歌得有词儿，一面是口头传授，一面也就有了唱本儿。歌谣便是这么写下来的。**我们知道春秋时的乐工就和后世阔人家的戏班子一样，老板叫作太师。** **那时各国都养着一班乐工，各国使臣往来，宴会时都得奏乐唱歌。** 太师们不但得搜集本国乐歌，还得搜集别国乐歌。不但搜集乐词，还得搜集乐谱。那时

> **批注**
> 太师为乐官之长，殷商、西周、春秋时皆有设置。相传周初太师与太傅、太保并称"三公"，居"三公"之首，为辅弼君王的重要大臣。至于辅佐太子的太师出现较晚，约在西晋。

的社会有贵族与平民两级。太师们是伺候贵族的，所搜集的歌儿自然得合贵族们的口味；平民的作品是不会入选的。他们搜得的歌谣，有些是乐歌，有些是徒歌。徒歌得合乐才好用。合乐的时候，往往得增加重叠的字句或章节，便不能保存歌词的原来样子。除了这种搜集的歌谣以外，太师们所保存的还有贵族们为了特种事情，如祭祖、宴客、房屋落成、出兵、打猎等等作的诗。这些可以说是典礼的诗。又有讽谏、颂美等等的献诗；献诗是臣下作了献给君上，准备让乐工唱给君上听的，可以说是政治的诗。太师们保存下这些唱本儿，带着乐谱；唱词儿共有三百多篇，当时通称作"《诗》三百"。**到了战国时代，贵族渐渐衰落，平民渐渐抬头，新乐代替了古乐，职业的乐工纷纷散走。** 乐谱就此亡失，

> **批注**
> 《诗经》是战国时职业乐工散走、乐谱亡失后流传下来的唱词。

但是还有三百来篇唱词儿流传下来，便是后来的《诗经》了。

"诗言志"是一句古话；"诗"（詶）这个字就是"言""志"两个字合成的。但古代所谓"言志"和现在所谓"抒情"并不一样；那"志"总是关联着政治或教化的。春秋时通行赋诗。在外交的宴会里，各国使臣往往

得点一篇诗或几篇诗叫乐工唱。这很像现在的请客点戏,不同处是所点的诗句必加上政治的意味。**这可以表示这国对那国或这人对那人的愿望、感谢、责难等等,都从诗篇里断章取义。** 断章取义是不管上下文的意义,只将一章中一两句拉出来,就当前的环境,作政治的暗示。如《左传》襄公二十七年,郑伯宴晋使赵孟于垂陇,赵孟请大家赋诗,他想看看大家的"志"。子太叔赋的是《野有蔓草》。原诗首章云:"野有蔓草,零露漙兮,有美一人,清扬婉兮。邂逅相遇,适我愿兮。"**子太叔只取末两句,借以表示郑国欢迎赵孟的意思;上文他就不管。 全诗原是男女私情之作,他更不管了。** 可是这样办正是"诗言志";在那回宴会里,赵孟就和子太叔说了"诗以言志"这句话。

到了孔子时代,赋诗的事已经不行了,孔子却采取了断章取义的办法,用《诗》来讨论做学问做人的道理。"如切如磋,如琢如磨",本来说的是治玉,将玉比人。他却用来教训学生做学问的工夫。"巧笑倩兮,美目盼兮,素以为绚兮",本来说的是美人,所谓天生丽质。他却拉出末句来比方作画,说先有白底子,才会有画,是一步步进展的;作画还是比方,他说的是文化,人先是朴野的,后来才进展了文化——文化必须修养而得,并不是与生俱来的。他如此解诗,所以说"思无邪"一句话可以包括《诗》三百的道理;又说诗可以鼓舞人,

☆ 批注

春秋时赋诗往往断章取义,表示对国家或个人的愿望、感谢、责难等。

☆ 批注

子太叔断章取义,作政治的暗示。子太叔(?—前507),春秋时担任郑国的执政。游氏,名吉,字太叔,郑简公、定公时为卿,善辞令,曾出使楚、晋等国。

☆ 批注

孔子断章取义,用《诗》来讨论做学问做人的道理。《论语·季氏》中曾说:"不学《诗》,无以言。"

《经典常读》阅读指导

联合人,增加阅历,发泄牢骚,事父事君的道理都在里面。孔子以后,"《诗》三百"成为儒家的"六经"之一,《庄子》和《荀子》里都说到"诗言志",那个"志"便指教化而言。

> **批注**
> "志"指的是教化。

但春秋时列国的赋诗只是用诗,并非解诗;那时诗的主要作用还在乐歌,因乐歌而加以借用,不过是一种方便罢了。至于诗篇本来的意义,那时原很明白,用不着讨论。到了孔子时代,诗已经不常歌唱了,诗篇本来的意义,经过了多年的借用,也渐渐含糊了。他就按着借用的办法,根据他教授学生的需要,断章取义的来解释那些诗篇。后来解释《诗经》的儒生都跟着他的脚步走。**最有权威的毛氏《诗传》和郑玄《诗笺》差不多全是断章取义,甚至断句取义——断句取义是在一句两句里拉出一个两个字来发挥,比起断章取义,真是变本加厉了。**

> **批注**
> "解诗"差不多全都是断章取义,甚至是断句取义。这种"解诗"你如何看待呢?

毛氏有两个人:一个毛亨,汉时鲁国人,人称为大毛公;一个毛苌,赵国人,人称为小毛公;是大毛公创始《诗经》的注解,传给小毛公,在小毛公手里完成的。郑玄是东汉人,他是专给毛"传"作"笺"的,有时也采取别家的解说;**不过别家的解说在原则上也还和毛氏一鼻孔出气,他们都是以史证诗。** 他们接受了孔子"无邪"的见解,又摘取了孟子的"知人论世"的见解,

> **批注**
> "一鼻孔出气"的说法,口语色彩浓厚,读来妙趣横生。

以为用孔子的诗的哲学,别裁古代的史说,拿来证明那些诗篇是什么时代作的,为什么事作的,便是孟子所谓"以意逆志"。其实孟子所谓"以意逆志"倒是说要看全篇大意,不可拘泥在字句上,与他们不同。

名著导读

他们这样猜出来的作诗人的志，自然不会与作诗人相合；但那种志倒是关联着政治教化而与"诗言志"一语相合的。这样的以史证诗的思想，最先具体的表现在《诗序》里。

《诗序》有"大序""小序"。"大序"好像总论，托名子夏，说不定是谁作的。"小序"每篇一条，大约是大小毛公作的。**以史证诗，似乎是"小序"的专门任务**；传里虽也偶然提及，却总以训诂为主，不过所选取的字义，意在助成序说，无形中有个一定方向罢了。可是"小序"也还是泛说的多，确指的少。到了郑玄，才更详密的发展了这个条理。**他按着《诗经》中的国别和篇次，系统的附合史料，编成了《诗谱》，差不多给每篇诗确定了时代**；"笺"中也更多的发挥了作为各篇诗的背景的历史。以史证诗，在他手里算是集大成了。

> ☆批注
> 交代"小序"的任务就是以史证诗。

> ☆批注
> 郑玄是以史证诗的集大成者。郑玄以古文经说为主，兼采今文经说，遍注群经。

"大序"说明诗的教化作用；这种作用似乎建立在风、雅、颂、赋、比、兴，所谓"六义"上。**"大序"只解释了风雅颂。说风是风化（感化）、讽刺的意思，雅是正的意思，颂是形容盛德的意思。** 这都是按着教化作用解释的。照近人的研究，这三个字大概都从音乐得名。风是各地方的乐调，"国风"便是各国土乐的意思。雅就是"乌"字，似乎描写这种乐的呜呜之音。雅也就是"夏"字，古代乐章叫作"夏"的很多，也许原是地名或族名。雅又分"大雅""小雅"，大约也是乐调不同的缘故。颂就是"容"字，容就是"样子"；这种乐连歌带舞，舞就

> ☆批注
> 介绍"大序"和近人对风雅颂的解释，让读者对此有了更为深刻的认识。

041

《经典常读》阅读指导

有种种样子了。 风雅颂之外,其实还该有个"南"。南是南音或南调,《诗经》中《周南》《召南》的诗,原是相当于现在河南、湖北一带地方的歌谣。《国风》旧有十五,分出二"南",还剩十三;而其中邶、鄘两国的诗,现经考定,都是卫诗,那么只有十一"国风"了。颂有"周颂""鲁颂""商颂","商颂"经考定实是"宋颂"。至于搜集的歌谣,大概是在二"南"、"国风"和"小雅"里。

赋比兴的意义,说数最多。 大约这三个名字原都含有政治和教化的意

☆ **批注**
赋、比、兴的意义。

味。 赋本是唱诗给人听,但在"大序"里,也许是"直铺陈今之政教善恶"的意思。比兴都是"大序"所谓"主文而谲谏";不直陈而用譬喻叫"主文",委婉讽刺叫"谲谏"。说的人无罪;听的人却可警诫自己。《诗经》里许多譬喻就在比兴的看法下,断章断句的硬派作政教的意义了。比兴都是政教的譬喻,但在诗篇发端的叫做兴。《毛传》只在有兴的地方标出,不标赋比;想来赋义是易见的,比兴虽都是曲折成义,但兴在发端,往往关系全诗,比较更重要些,所以便特别标出了。《毛传》标出的兴诗,共一百十六篇,"国风"中最多,"小雅"第二;按现在说,这两部分搜集的歌谣多,所以譬喻的句子也便多了。

参考资料:

• 顾颉刚《诗经在春秋战国间的地位》(《古史辨》第三册下)

• 顾颉刚《论诗经所录全为乐歌》(同上)

• 朱自清《言志说》(《语言与文学》)

• 朱自清《赋比兴说》(《清华学报》十二卷三期)

042

 名师点评

"诗以言志"的说法,我们天天挂着嘴边。阅读本文,我们明白了"志"指向的是教化。诗的教化作用,似乎就建立在风、雅、颂、赋、比、兴,所谓《诗经》"六义"上。古人对诗的借用和解释,差不多都是断章取义甚至断句取义,这点阅读时也要注意。

 阅读思考

1.完成下面的表格,比较"大序"和近人对风雅颂的解释。

	"大序"	近人研究
风	风化(感化)、讽刺	(1)
雅	正	描写乐的呜呜之音
颂	(2)	(3)

2.文中写道:"'如切如磋,如琢如磨',本来说的是治玉,将玉比人。他却用来教训学生做学问的工夫。"你能说说对"如切如磋,如琢如磨"的理解吗?

043

"三礼"第五

 导读提示

  提到"礼",我们自然会想到《礼记》一书。《礼记》一书的作者是谁呢？儒家为什么注重"礼治"呢？"礼治主义"的思想到底有哪些丰富的内容呢？还有，礼乐并称，乐在"礼治主义"中又有什么作用呢？这些疑问，本文都会给出你答案。

  许多人家的中堂里，供奉着"天地君亲师"的大牌位。天地代表生命的本源。亲是祖先的意思，祖先是家族的本源。君师是政教的本源。人情不能忘本，所以供奉着这些。**荀子只称这些为礼的三本**；大概是到了后世才宗教化了的。荀子是儒家大师。**儒家所称道的礼，包括政治制**

> ☆ **批注**
>
> 　荀子说的"礼的三本"指的是天地、亲和君。人情不能忘本，这三者为"本"。

> ☆ **批注**
>
> 　儒家说的礼包括政治制度、宗教仪式、社会风俗习惯等方面。

度,宗教仪式,社会风俗习惯等等。 却都加以合理的说明。从那

"三本说",可以知道儒家有拿礼来包罗万象的野心,他们认礼为治乱的根本;这种思想可以叫作**礼治主义**。

> **☆ 批注**
> 你还记得前面说的"鬼治主义""德治主义"吗?

怎样叫作礼治呢?儒家说初有人的时候,各人有各人的欲望,各人都要满足自己的欲望;没有界限,没有分际,大家就争起来了。你争我争,社会就乱起来了。那时的君师们看了这种情形,就渐渐给定出礼来,让大家按着贵贱的等级,长幼的次序,各人得着自己该得的一份儿吃的喝的穿的住的,各人也做着自己该做一份儿工作。各等人有各等人的界限和分际;若是只顾自己,不管别人,任性儿贪多务得,偷懒图快活,这种人就得受严厉的制裁,有时候保不住性命。**这种礼,教人节制,教人和平,建立起社会的秩序,可以说是政治制度。**

> **☆ 批注**
> "礼"在政治制度方面起到教人节制,教人和平,建立起社会的秩序的作用。

天生万物,是个很古的信仰。这个天是个能视能听的上帝,管生杀,管赏罚。在地上的代表,便是天子。天子祭天,和子孙祭祖先一样。地生万物是个事实。人都靠着地里长的活着,地里长的不够了,便闹饥荒;地的力量自然也引起了信仰。天子诸侯祭社稷,祭山川,都是这个来由。最普遍的还是祖先的信仰。直到我们的时代,这个信仰还是很有力的。按儒家说,这些信仰都是"报本返始"的意思。**报本返始是庆幸生命的延续,追念本源,感恩怀德,勉力去报答的意思。** 但是这里面怕不单是怀

> **☆ 批注**
> "祖先的信仰"在儒家看来即"报本返始",其中包含有畏威的成分。

045

《经典常谈》阅读指导

德，还有畏威的成分。 感谢和恐惧产生了种种祭典。儒家却只从感恩一面加以说明，看作礼的一部分。但这种礼教人恭敬，恭敬便是畏威的遗迹了。**儒家的丧礼，最主要的如三年之丧，也建立在感恩的意味上；** 却因恩谊的亲疏，又定出等等差别来。这种礼，大部分可以说是宗教仪式。

> ☆ **批注**
> 这让我们想起，孔子死后，子贡为孔子守墓六年，来报答老师的教诲之恩。

居丧一面是宗教仪式，一面是普遍人事。普通人事包括一切日常生活而言。日常生活都需要秩序和规矩。居丧以外，如婚姻、宴会等大事，也各有一套程序，不能随便马虎过去；这样是表示郑重，也便是表示敬意和诚心。至于对人，事君，事父母，待兄弟姊妹，待子女，以及夫妇朋友之间，也都自有一番道理。按着尊卑的分际，各守各的道理，**君仁臣忠，父慈子孝，兄友弟恭，夫妇朋友互相敬爱，才算能做人；人人能做人，天下便治了。** 就是一个人饮食言动，也都该有个规矩，别叫旁人难过，更别

> ☆ **批注**
> 这是"礼治主义"的重要内容，各守各的道理，人人能做人。

侵犯着旁人，反正诸事都记得着自己的份儿。这些个规矩也是礼的一部分；有些固然含着宗教意味，但大部分可以说是风俗习惯。这些风俗习惯有一些也可以说是生活的艺术。

王道不外乎人情，礼是王道的一部分，按儒家说的是通乎人情的。既通乎人情，自然该诚而不伪了。但儒家所称道的礼，并不全是实际施行的。有许多只是他们的理想，这种就不一定通乎人情了。**就按那些实际施行的说，每一个制度、仪式或规矩，固然都有它的需要和意义。** 但是社会情形变了，人的生活跟着

> ☆ **批注**
> 通乎人情的礼，自然是诚的，合乎人们的需要，有其存在的意义。

046

变；人的喜怒爱恶，虽然还是喜怒爱恶，可是对象变了。那些礼的惰性却很大，并不跟着变。这就留下了许许多多遗形物，没有了需要，没有了意义；不近人情的伪礼，只会束缚人。**《老子》里攻击礼，说"有了礼，忠信就差了"；后世有些人攻击礼，说"礼不是为我们定的"；近来大家攻击礼教，说"礼教是吃人的"。** 这都是指着那些个伪礼说的。

> ☆ **批注**
> 列举不同时期人们对伪礼的攻击，足见伪礼的不近人情，对人们的束缚之大。

从来礼乐并称，但乐实在是礼的一部分；乐附属于礼，用来补助仪文的不足。 乐包括歌和舞，是"人情之所必不免"的。**不但是"人情之所必不免"，而且乐声的绵延和融和也象征着天地万物的"流而不息，合同而化"。** 这便是乐

> ☆ **批注**
> 虽礼乐并称，但"乐"附属于礼，是礼的一部分。

> ☆ **批注**
> 介绍"乐本"的含义。

本。 乐教人平心静气，互相和爱，教人联合起来，成为一整个儿。人人能够平心静气，互相和爱，自然没有贪欲、捣乱、欺诈等事，天下就治了。乐有改善人心、移风易俗的功用，所以与政治是相通的。按儒家说，礼乐刑政，到头来只是一个道理；这四件都顺理成章了，便是王道。这四件是互为因果的。礼坏乐崩，政治一定不成；所以审乐可以知政。

"治世之音安以乐，其政和；乱世之音怨以怒，其政乖；亡国之音哀以思，其民困。" 吴公子季札到鲁国观乐，乐工奏哪一国的乐，他就知道是哪一国的；他是从乐歌里所表现的政治气象而知道

> ☆ **批注**
> 引用，分述"治世之音""乱世之音"和"亡国之音"的特点和结果。正如戴圣所言"声者之道，与政通矣"。

的。歌词就是诗；诗与礼乐也是分不开的。孔子教学生要"兴于诗，立于礼，成于乐"；那时要养成一个人才，必需学习这些。这些诗、礼、乐，在那时代都是贵族社会所专有，与平民是无干的。到了战国，新声兴起，古乐衰废，听者只求悦耳，就无所谓这一套乐意。汉以来胡乐大行，那就更说不到了。

古代似乎没有关于乐的经典；只有《礼记》里的《乐记》，是抄录儒家的《公孙尼子》等书而成，原本已经是战国时代的东西了。关于礼，汉代学者所传习的有三种经和无数的"记"。那三种经是《礼仪》《礼古经》《周礼》。《礼古经》已亡佚，《仪礼》和《周礼》相传都是周公作的。但据近来的研究，这两部书实在是战国时代的产物。**《仪礼》大约是当时实施的礼制，但多半只是士的礼。 那些礼是很繁琐的，踵事增华**

【踵事增华：继续前人的事业，并更加发展。】**的多，表示诚意的少，已经不全是通乎人情的了。 《仪礼》可以说是宗教仪式和风俗习惯的混合物；《周礼》却是一套理想的政治制度。** 那些制度的背景可以看出是战国时代；但组成了整齐的系统，便是著书人的理想了。

"记"是儒家杂述礼制、礼制变迁的历史，或礼论之作；所述的礼制有实施的，也有理想的。 又叫作《礼记》：这《礼记》是一个广泛的名称。这些"记"里包含着《礼古经》的一部分。汉代所见的"记"很多，但

> ☆ 批注
>
> 说"似乎没有"，而不是武断地说"没"，作者用语的分寸感体现出治学态度的严谨。

> ☆ 批注
>
> 介绍《仪礼》《周礼》两部书的内容：前者是当时的礼制；后者是一套理想的政治制度。

> ☆ 批注
>
> 阐述"记"的含义。

流传到现在的只有三十八篇《大戴记》和四十九篇《小戴记》。**后世所称《礼记》，多半专指《小戴记》说**。大戴是戴德；小戴是戴圣，戴德的侄儿。相传他们是这两部书的编辑人。但二戴都是西汉的《仪礼》专家。汉代有"五经"博士；凡是一家一派的经学影响大的，都可以立博士。大戴仪礼学后来立了博士，小戴本人就是博士。汉代经师的家法最严，一家的学说里绝不能掺杂别家。但现存的两部"记"里都各掺杂着非二戴的学说。所以有人说这两部书是别人假托二戴的名家纂辑的；至少是二戴原书多半亡佚，由别人拉杂凑成的，——可是成书也还在汉代。——这两部书里，《小戴记》容易些，后世诵习的人比较多些；所以差不多专占了《礼记》的名字。

> ☆ **批注**
>
> "多半专指"是一种有倾向性的说法，也就是戴圣的《小戴记》影响较广。

参考资料：

• 洪业《礼记引得序》《仪礼引得序》

  **名师点评**

"礼"在社会中的作用不可小觑。儒家称道的礼，既有政治制度、宗教仪式，也有社会风俗习惯，可谓包罗万象。礼需"诚"，要近乎人情，每一个制度、仪式或规矩都有它的需要和意义；礼又忌"伪"，伪礼则不近人情，只会束缚人。

另外，礼乐之"乐"，包含了歌和舞两个方面，有改善人心、移风易俗的作用。

《经典常读》阅读指导

阅读思考

1. 礼治主义体现在哪些方面？

2."是故治世之音安以乐,其政和;乱世之音怨以怒,其政乖;亡国之音哀以思,其民困。声音之道,与政通矣。"下列史实可以体现"治世之音安以乐,其政和"的是　　　　　　　　　　　（　　）

A."楚辞"的创作

B.《霓裳羽衣舞》的创编

C.《义勇军进行曲》的诞生

D.《石壕吏》的创作

"春秋三传"第六（国语附）

 导读提示

　　"春秋"成为古代记事史书的通称，是因为古代朝廷大事大都选择在春、秋两个季节进行。《春秋》一书是史官的记录，但它的产生与孔子获麟的故事相关。由《春秋》而出现的解经作品《公羊传》《穀梁传》和叙事作品《左传》，就是"春秋三传"。

　　"春秋"是古代记事史书的通称。古代朝廷大事，多在春秋二季举行，所以记事的书用这个名字。　各国有各国的"春秋"，但是后世都不传了。　传下的只有一部《鲁春秋》，《春秋》成了它的专名，便是《春秋经》了。 传说这部《春秋》是孔子作的，至少是他编的。鲁哀公十四年，鲁西有猎户打着一只从没有见过的独角怪兽，想着定是个不祥的东西，将它扔了。

> ☆ 批注
> "春秋"的含义变化，范围由大到小，后成为《鲁春秋》的专有名词。

051

《经典常谈》阅读指导

这个新闻传到了孔子那里，他便去看。
他一看，就说："这是麟啊。为谁来的呢！
干什么来的呢！唉唉！我的道不行了！"

> ☆ 批注
> 插入故事讲述，让枯燥的知识介绍变得生动有趣。

说着流下泪来，赶忙将袖子去擦，泪点儿却已滴到衣襟上。原来麟是个仁兽，是个祥瑞的东西：圣帝明王在位，天下太平，它才会来，不然是不会来的。可是那时代哪有圣帝明王？天下正乱纷纷的，麟来的真不是时候，所以让猎户打死；它算是倒了运了。

孔子这时已经年老，也常常觉着生的不是时候，不能行道；他为周朝伤心，也为自己伤心。看了这只死麟，一面同情它，一面也引起自己的无限感慨。他觉得生平说了许多教；当世的人君总不信他，可见空话不能打动人，**他发愿修一部《春秋》**，要让人从具体的事例里，得到善恶的教训，他相信这样得来的教训比抽

> ☆ 批注
> 叙述了传说中孔子编修《春秋》的原因。

象的议论深切著明的多。他觉得修成了这部《春秋》，虽然不能行道，也算不白活一辈子。这便动起手来，九个月书就成功了。书起于鲁隐公，终于获麟；因获麟有感而作，所以叙到获麟绝笔，是纪念的意思。但是《左传》里所载的《春秋经》，获麟后还有，而且在记了"孔子卒"的哀公十六年后还有：据说那都是他的弟子们续修的了。

这个故事虽然够感伤的，但我们从种种方面知道，它却不是真的。《春秋》只是鲁国史官的旧文，孔子不曾掺进手去。**《春秋》可是一部信史，里面所记的鲁国日食，有三十次和西方科学家所推算的相合，这决不是偶然的。**

> ☆ 批注
> 鲁国日食的三十次记载与西方科学家推算相合，体现出我国古人的智慧。

052

不过书中残阙、零乱和后人增改的地方，都很不少。**书起于隐公元年，到哀公十四年止，共二百四十二年（西元前七二二至前四八一）；后世称这二百四十二年为春秋时代。** 书中纪事按年月日，这叫作编年。编年在史学上是个大发明；这教历史系统化，并增加了它的确实性。**"春秋"是我国现存的第一部编年史。** 书中虽用鲁国纪元，所记的却是各国的事，所以也是我们第一部通史。 所记的齐桓公、晋文公的霸迹最多；后来说"尊王攘夷"是《春秋》大义，便是从这里着眼。

古代史官记事，有两种目的：一是征实，二是劝惩。**像晋国董狐不怕权势，记"赵盾弑其君"，齐国太史记"崔杼弑其君"，虽杀身不悔，都为的是征实和惩恶，作后世的鉴戒。** 但是史文简略，劝惩的意思有时不容易看出来，因此便需要解说的人。《国语》记楚国申叔时论教太子的科目，有"春秋"一项，说"春秋"有奖善惩恶的作用，可以戒劝太子的心。孔子是第一个开门授徒，拿经典教给平民的人，《鲁春秋》也该是他的一种科目。关于劝惩的所在，他大约有许多口义传给弟子们。他死后，弟子们散在四方，就所能记忆的又教授开去。**《左传》《公羊传》《穀梁传》，所谓"春秋三传"里，所引孔子解释和评论的话，大概就是指的这一些。**

☆ 批注
春秋时代的起讫年代，与上文中的说法一致、照应。但春秋结束的年代说法不一，今多以周平王元年（前770）到周敬王四十四年（前476）为"春秋时期"。

☆ 批注
《春秋》的体例是编年体通史，而"我国现存的第一部"突出其价值。

☆ 批注
用晋国董狐和齐国太史的事例具体说明古代史官记事目的是征实和惩恶。

☆ 批注
"春秋三传"说的就是《左传》《公羊传》《穀梁传》。

《经典常读》阅读指导

三传特别注重《春秋》的劝惩作用；征实与否，倒在其次。按三传的看法，《春秋》大义可以从两方面说：明辨是非，分别善恶，提倡德义，从成败里见教训；这是一；夸扬霸业，推尊周室，亲爱中国，排斥夷狄，实现民族大一统的理想，这是二。前者是人君的明鉴，后者是拨乱反正的程序。这都是王道。而敬天事鬼，也包括在王道里。《春秋》里记灾，表示天罚，记鬼，表示恩仇，也还是劝惩的意思。古代记事的书常夹杂着好多的迷信和理想，《春秋》也不免如此；三传的看法，大体上是对的。但在解释经文的时候，却往往一个字一个字地咬嚼，这一咬嚼，便不顾上下文穿凿傅会【穿凿傅会：非常牵强地解释，把没有某种意思的说成有某种意思。】起来了。《公羊》《榖梁》，尤其如此。

> ☆ 批注
> 提倡道德仁义和尊王攘夷是《春秋》的两大要义。

这样咬嚼出来的意义就是所谓"书法"，所谓"褒贬"，也就是所谓"微言"。后世最看重这个。他们说孔子修《春秋》，"笔则笔，削则削"，"笔"是书，"削"不是书，都有大道理在内。又说一字之褒，比教你作王公还荣耀，一字之贬，比将你作罪人杀了还耻辱。本来孟子说过，"孔子成《春秋》而乱臣贼子惧"，那似乎只指概括的劝惩作用而言。等到褒贬说发展，孟子这句话倒像更坐实了。而孔子和《春秋》的权威也就更大了。后世史家推尊孔子，也推尊《春秋》，承认这种书法是天经地义；但实际上他们却并不照三传所咬嚼出来的那么穿凿傅会地办。这正和后世诗人尽管推尊《毛诗》"传"

> ☆ 批注
> "书法""褒贬""微言"，都是针对解释经文而言。

> ☆ 批注
> 你还能想起来前面对《毛诗》"传""笺"里比兴的解说吗？不妨再翻看一下。

"笺"里比兴的解释，实际上却不那样穿凿傅会的作诗一样。三传，特别是《公羊传》和《穀梁传》，和《毛诗》"传""笺"，在穿凿解经这件事上是一致的。

三传之中，公羊、穀梁两家全以解经为主，左氏却以叙事为主。 公、穀以解经为主，所以咬嚼得更利害些。战国末期，专门解释《春秋》的有许多家，公、穀较晚出而仅存。这两家固然有许多彼此相异之处，但渊源似乎是相同的；他们所引别家的解说也有些是一样的。这两种《春秋》经传经过秦火，多有残阙的地方；到汉景帝武帝时候，才有经师重加整理，传授给人。**公羊、穀梁只是家派的名称，仅存姓氏，名字已不可知。** 至于他们解经的宗旨，已见上文；《春秋》本是儒家传授的经典，解说的人，自然也离不开儒家，在这一点上，三传是大同小异的。

> ☆ 批注
> 阐释"三传"在《春秋》处理上的不同，一解经，一叙事。

> ☆ 批注
> 与后文的"五经"博士相照应。

《左传》这部书，汉代传为鲁国左丘明所作。 这个左丘明，有的说是"鲁君子"，有的说是孔子的朋友；后世又有说是鲁国的史官的。这部书历来讨论的最多。汉时有"五经"博士。凡解说"五经"自成一家之学的，都可立为博士。立了博士，便是官学；那派经师便可作官受禄。当时《春秋》立了公、穀二传的博士。《左传》流传得晚些，古文派经师也给它争立博士。今文派却说这部书不得孔子《春秋》的真传，不如公、穀两家。后来虽一度立了博士，可是不久还是废了。倒是民间传习的渐多，终于大行！原来是公、穀不免空谈，《左传》却是一部仅存的古代编年通史（残缺又少），用处自然大得多。

> ☆ 批注
> 这应是一种比较可信的说法。

《左传》以外，**还有一部分国记载的《国语》，汉代也认为左丘明所作，称为《春秋外传》。** 后世学者怀疑这一说的很多。 据近人的研究《国语》重在"语"，记事颇简略，大约出于另一著者的手，而为《左传》著者的重要史料之一。 这书的说教，也不外尚德、尊天、敬神、爱民，和《左传》是很相近的。只不知著者是谁。其实《左传》著者我们也不知道。说是左丘明，但矛盾太多，不能教人相信。《左传》成书的时代大概在战国，比公、穀二传早些。

> **☆批注**
>
> 《国语》具体成书年代已不能确考，其大抵是汇编之书，并非出自一时一人之手，但最后经人编排整理而成书。虽说《国语》材料零散，择选不严，编排也有不尽妥当之处，但它首创了国别史这种体例，对后世也产生了很大的影响。

　　《左传》这部书大体依《春秋》而作；参考群籍，详述史事，征引孔子和别的"君子"解经评史的言论，吟味书法，自成一家言。 但迷信卜筮，所记祸福的预言，几乎无不应验；这却大大违背了征实的精神，而和儒家的宗旨也不合了。晋范宁作《穀梁传序》说："**左氏艳而富，其失也巫**"；"艳"是文章美，"富"是材料多，"巫"是多叙鬼神，预言祸福。这是句公平话。注《左传》的，汉人就不少，但那些许多已散失；现存的只有晋杜预注，算是最古了。

> **☆批注**
>
> 《左传》吟味书法，自成一家之言，在"三传"中尤其重要。

> **☆批注**
>
> 此评价是客观的，既有"艳而富"的肯定，也有"其失也巫"的遗憾。

　　杜预作《春秋序》，论到《左传》，说"其文缓，其旨远"；"缓"是委婉，"远"是含蓄。这不但是好史笔，也是好文笔。所以**《左传》不但是史学的权威，也是文学的权威。**《左传》的文学本领，表现在记述辞

> **☆批注**
>
> 《左传》的权威性，体现在史学和文学两个方面，实在了不起。文学上，对战争的叙述不仅头头是道，而且人物形象塑造得绘声绘色。

令和描写战争上。春秋列国,盟会颇繁,使臣会说话不会说话,不但关系荣辱,并且关系利害,出入很大,所以极重辞令。《左传》所记当时君臣的话,从容委曲,意味深长。只是平心静气地说,紧要关头却不放松一步,真所谓恰到好处。这固然是当时风气如此,但不经《左传》著者的润饰工夫,也决不会那样在纸上活跃的。战争是个复杂的程序,叙得头头是道,已经不易,叙得有声有色,更难;这差不多全靠忙中有闲,透着优游不迫神儿,才成。这却正是《左传》著者所擅长的。

参考资料:

• 洪业《春秋传引得序》

 **名师点评**

春秋笔法、微言大义应该是我们阅读本文的一个聚焦点。春秋大义集中体现在两个方面:明辨是非,分别善恶,提倡德义,从成败里见教训,这是一;夸扬霸业,推尊周室,亲爱中国,排斥夷狄,实现民族大一统的理想,这是二。一个方面是人君的明鉴,一个方面是拨乱反正的程序。

在"春秋三传"中,《左传》的权威性和价值又是令人叹服的,它不仅有可信的史学价值,更有高超的文学本领,对辞令的把握、战争的描写,都恰到好处。

《经典常谈》阅读指导

阅读思考

1. 你知道"春秋三传"吗？

2. 下面的一段文字选自《左传》，请指出其在战争描述上的特点。

公与之乘，战于长勺。公将鼓之。刿曰："未可。"齐人三鼓。刿曰："可矣。"齐师败绩。公将驰之。刿曰："未可。"下视其辙，登轼而望之，曰："可矣。"遂逐齐师。

"四书"第七

导读提示

　　"四书"是历代儒家学子研习的核心经书,这一说法我们耳熟能详。"四书"经南宋理学家朱熹加注后,一方面传承经典,另一方面也建立了自己的道统,后成为官方指定教科书和科举考试必读书,对古代教育影响极大。"四书"的先后顺序是否有讲究呢?请认真阅读本文去探寻答案。

　　"四书五经"到现在还是我们口头上一句熟语。"五经"是《易》《书》《诗》《礼》《春秋》;**"四书"按照普通的顺序是《大学》《中庸》《论语》《孟子》,前二者又简称《学》《庸》,后二者又简称《论》《孟》;有了简称,可见这些书是用得很熟的。** 本来呢,从前私塾里,学生入学,是从"四书"读起的。**这是那些时代的小学教科书,而且是统一的标准的小学教科书,**

> ☆ 批注
>
> 　"四书"的顺序排列已成定规,深入人心。

《经典常谈》阅读指导

因为没有不用的。 那时先生不讲解，只让学生背诵，不但得背正文，而且得背朱熹的小注。只要囫囵吞枣地念，囫囵吞枣地背；不懂不要紧，将来用得着，自然会懂

> **批注**
>
> "四书"是那时统一的标准的小学教科书，足见其地位和重要性。

的。怎么说将来用得着？那些时候行科举制度。科举是一种竞争的考试制度，考试的主要科目是八股文，题目都出在"四书"里，而且是朱注的"四书"里。科举分几级，考中的得着种种出身或资格，凭着这种资格可以建功立业，也可以升官发财；作好作歹，都得先弄个资格到手。**科举几乎是当时读书人惟一的出路。** 每个学生都

> **批注**
>
> 读到这里，我们会想起《儒林外史》中的范进。

先读"四书"，而且读的是朱注，便是这个缘故。

　　将朱注"四书"定为科举用书，是从元仁宗皇庆二年（西元一三一三）起的。 规定这四种书，自然因为这些书本身重要，有人人必读的价值；规定朱注，也因为朱注发明书义比旧注好些，切用

> **批注**
>
> 朱注"四书"成为科举用书，既说明"四书"重要，也说明朱注重要。所以上文说，背"四书"，同时要背朱熹的小注。

些。这四种书原来并不在一起，《学》《庸》都在《礼记》里，《论》《孟》是单行的。这些书原来只算是诸子书，朱子原来也只称为"四子"；但《礼记》《论》《孟》在汉代都立过博士，已经都升到经里去了。**后来唐代的"九经"里虽然只有《礼记》，宋代的"十三经"却又将《论》《孟》收了进去。**《中庸》很早就被人单独注意，汉代已有关于《中庸》的著作，六朝时也有，可惜都不传了。关于《大学》的著作却直

> **批注**
>
> "九经"：《易》《书》《诗》，"三礼""春秋三传"。十三经：《易》《书》《诗》，"三礼""春秋三传"，《论语》《孝经》《尔雅》《孟子》。

060

名著导读

到司马光的《大学通义》才开始,这部书也不传了。**这些著作并不曾教《学》《庸》普及,教《学》《庸》和《论》《孟》同样普及的是朱子的注,"四书"也是他编在一起的,"四书"的名字也因他而有。**

> ☆ 批注
>
> 说到"四书",就不能不提到朱熹的贡献。朱熹对"四书"的编写、作注、命名,功不可没。

但最初用力提倡这几种书的是程颢、程颐兄弟。 他们说:"《大学》是孔门的遗书,是初学者入德的门径。只有从这部书里,还可以知道古人做学问的程序。

> ☆ 批注
>
> 程颢、程颐兄弟对后来朱熹将"四书"贯串起来起到了助推作用。

从《论》《孟》里虽也可看出一些,但不如这部书的分明易晓。学者必须从这部书入手,才不会走错了路。"这里没提到《中庸》。可是他们是很推尊《中庸》的。他们在另一处说:"'不偏'叫作'中','不易'叫作'庸';'中'是天下的正道,'庸'是天下的定理。《中庸》是孔门传授心法的书,是子思记下来传给孟子的。书中所述的人生哲理,意味深长;会读书的细加玩赏,自然能心领神悟终身受用不尽。"这四种书到了朱子手里才**打成一片。**他接受二程的见解,加以系统的说明,四种书便贯串起来了。

> ☆ 批注
>
> "打成一片"就是将四本书贯串起来,成为一个有机的整体。

他说,古来有小学大学。**小学里教洒扫进退的规矩,和礼、乐、射、御、书、数,所谓"六艺"的。大学里教穷理、正心、修己、治人的道理。所教的都切于民生日用,都是实学。**《大学》这部书便是古来大学里教学生的方法,规模大,节目详;而所谓"格物、致知、诚意、正心、修身、

> ☆ 批注
>
> 小学和大学担负着不同的任务,无论"规矩"还是"道理",都是"实学"。

| 061

《经典常谈》阅读指导

齐家、治国、平天下"，是循序渐进的。 程子说是"初学者入德的门径"，就是为此。 这部书里的道理，并不是为一时一事说的，是为天下后世说的。 这是"垂世立教的大典"，所以程子举为初学者的第一部书。 《论》《孟》虽然也切实，却是"应机接物的微言"，问的不是一个人，记的也不是一个人。 浅深先后，次序既不分明，抑扬可否，用意也不一样，初学者领会较难。 所以程子放在第二步。 至于《中庸》，是孔门的心法，初学者领会更难，程子所以另论。

> **批注**
> 程子对"四书"的具体分析，应悉心领会。

但朱子的意思，有了《大学》的提纲挈领，便能领会《论》《孟》里精微的分别去处；融贯了《论》《孟》的旨趣，也便能领会《中庸》里的心法。 人有人心和道心；人心是私欲，道心是天理。人该修养道心，克制人心，这是心法。朱子

> **批注**
> 朱子对"四书"学习顺序的分析，应该是先《大学》，再《论》《孟》，最后《中庸》。这种研习顺序与前文所言的普通顺序是有区别的。

的意思，不领会《中庸》里的心法，是不能从大处着眼，读天下的书，论天下的事的。他所以将《中庸》放在第三步，和《大学》《论》《孟》合为"四书"，作为初学者的基础教本。后来规定"四书"为科举用书，原也根据这番意思。不过朱子教人读"四书"，为的成人，后来人读"四书"，却重在猎取功名；这是不合于他提倡的本心的。至于顺序变为《学》《庸》《论》《孟》，那是书贾因为《学》《庸》篇页不多，合为一本的缘故；通行既久，居然约定俗成了。

《礼记》里的《大学》，本是一篇东西，朱子给分成经一章，传十章；传是解释经的。因为要使传合经，他又颠倒了原文的次序，并补上一

062

段儿。他注《中庸》时,虽没有这样大的改变,可是所分的章节,也与郑玄注的不同。所以这两部书的注,称为《大学章句》《中庸章句》。《论》《孟》的注,却是融合各家而成,所以称为《论语集注》《孟子集注》。《大学》的经一章,朱子想着是曾子追述孔子的话;传十章,他相信是曾子的意思,由弟子们记下的。《中庸》的著者,朱子和程子一样,都接受《史记》的记载,认为是子思。但关于书名的解释,他修正了一些。

他说,"中"除"不偏"外,还有"无过无不及"的意思;"庸"解作"不易",不如解作"平常"的好。 照近人的研究,《大学》的思想和文字,很有和荀子相同的地方,大概是荀子学派的著作。 《中庸》,首尾和中段思想不一贯,从前就有人疑心。 照近来的看法,这部书的中段也许是子思原著的一部分,发扬孔子的学说,如"时中""忠恕""知仁勇""五伦"等。 首尾呢,怕是另一关于《中庸》的著作,经后人混合起来的;这里发扬的是孟子的天人相通的哲理,所谓"至诚""尽性",都是的。 著者大约是一个孟子学派。

> ☆ **批注**
> 朱子对"中""庸"的解说。

> ☆ **批注**
> 介绍近人对《大学》《中庸》的研究和看法。

《论语》是孔子弟子们记的。 这部书不但显示一个伟大的人格——孔子,并且让读者学习许多做学问做人的节目:如"君子""仁""忠恕",如"时习""阙疑""好古""隅反""择善""困学"等,都是可以终身应用多。

> ☆ **批注**
> 《论语》的价值极大,值得反复揣摩领会。或可说,熟读《论语》是学习和了解中华文化的一把"金钥匙",由此切入,便可洞开中华文化之大门。

《孟子》据说是孟子本人和弟子公孙丑、万章等共同编定的。 书中

063

说"仁"兼说"义",分辨"义""利"甚严;而辩"性善",教人求
"放心",影响更大。 又说到"养浩然
之气",那"至大至刚""配义与道"的
"浩然之气",这是修养的最高境界,所谓天人相通的哲理。 书中
攻击杨朱、墨翟两派,词锋咄咄逼人。 这在儒家叫作攻异端,功劳
是很大的。 孟子生在战国时代,他不免"好辩",他自己也觉得的;他
的话流露着"英气","有圭角",和孔子的温润是不同的。所以儒家只
称为"亚圣",次于孔子一等。《孟子》有东汉的赵岐注。《论语》有孔安
国、马融、郑玄诸家注,却都已残佚,只零星的见于魏何晏的《集解》里。
汉儒注经,多以训诂名物为重;但《论》《孟》词意显明,所以只解释文
句,推阐义理而止。魏晋以来,玄谈大盛,孔子已经道家化;解《论语》
的也多参入玄谈,参入当时的道家哲学。这些后来却都不流行
了。到了朱子,给《论》《孟》作注,虽
说融会各家,其实也用他自己的哲学作
架子。 他注《学》《庸》,更显然如
此。 他的哲学切于世用,所以一般人接
受了,将他解释的孔子当作真的孔子。

他那一套"四书"注实在用尽了平
生的力量,改定至再至三;直到临死的
时候,他还在改定《大学诚意章》的注。
注以外又作了《四书或问》,发扬注义,并
论述对于旧说的或取或舍的理由。他在
"四书"上这样下工夫,一面固然为了诱导初学者,一面还有一个用意,
便是排斥老、佛,建立道统。他在《中庸章句序》里论到诸圣道统的传

> ☆ **批注**
> 介绍《孟子》一书。

> ☆ **批注**
> 　朱子对"四书"作
> 注,有他自己的哲学作架
> 子,切于世用,容易为人
> 所接受。

> ☆ **批注**
> 　朱注"四书"之所以
> 影响深远,与朱熹"尽平
> 生的力量"是分不开的。
> 这就是所谓"持志如心
> 痛"的状态吧。

| 064 |

承，末尾自谦说，"于道统之传，不敢妄议"；其实他是隐隐在以传道统自期呢。《中庸》传授心法，正是道统的根本。将它加在《大学》《论》《孟》之后而成"四书"，朱子自己虽然说是给初学者打基础，但一大半恐怕还是为了建立道统，不过他自己不好说出罢了。他注"四书"在宋孝宗淳熙年间（西元一一七四至一一八九）。**他死后朝廷将他的"四书"注审定为官书，从此盛行起来。** 他果然成了传儒家道统的大师了。

> **☆ 批注**
> 功夫不负有心人！

名师点评

能作为教科书使用的书籍，其权威性可想而知。《大学》是初学者入德的门径；《论语》既显示了孔子的伟大人格，也包含许多做学问的节目；《孟子》说"仁"兼说"义"，辩"性善"求"放心"，论修养的至高境界"浩然之气"；《中庸》讲修养道心、克制人心的心法。"四书"经典，因朱熹的"四书"注，经典的价值更为彰显。

阅读思考

1.结合文中"二程"和朱熹对"四书"的分析，谈谈研习"四书"的顺序。

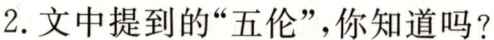

2. 文中提到的"五伦"，你知道吗？

3. 《大学》中说："古之欲明明德于天下者，先治其国；欲治其国者，先齐其家；欲齐其家者，先修其身；欲修其身者，先正其心；欲正其心者，先诚其意；欲诚其意者，先致其知；致知在格物。"这里含有儒家"三纲八目"中的"八目"，你能写出来吗？

《战国策》第八

 导 读 提 示

　　战国时期，诸国之间的关系紧张，战争随时发生。这时出现了"士"阶层，其中最高的是说客，是游说之士，也叫策士。在说客中，苏秦和张仪是代表人物，苏秦是"合纵"派的代表，张仪是"连横"派的代表，二人为了各自利益都下过一番工夫。后来，这些策士的说辞记载下来，就成为《战国策》。

　　春秋末年，列国大臣的势力渐渐膨胀起来。 这些大臣都是世袭的，他们一代一代聚财养众，明争暗夺了君主的权力，建立起自己的特殊地位。 等到机会成熟，便跳起来打倒君主自己干。 那时候各国差不多都起了内乱。晋国让韩魏赵三家分了，姓姜的齐国也让姓田的大夫占了。**这些，周**

> ☆ **批注**
> 　交代春秋末年的社会背景，列国大臣明争暗夺，内乱不断。

067

天子只得承认了。 这是封建制度崩坏的开始，那时候周室也经过了内乱，土地大半让邻国抢去，剩下的又分为东西周；东西周各有君王，彼此还争争吵吵的。这两位君王早已失去春秋时代"共主"的地位，而和列国诸侯相等了。**后来列国纷纷称王，周室更不算回事；他们至多能和宋、鲁等小国君主等量齐观罢了。**

> ☆ 批注
>
> "只得承认"是不得不承认，已成定局，周天子无力回天。

> ☆ 批注
>
> 周王室的地位每况愈下，最终只能与小国君主一样，令人扼腕叹息。

秦楚两国也经过内乱，可是站住了。它们本是边远的国家，却渐渐伸张势力到中原来。内乱平后，大加整顿，努力图强，声威便更广了。还有极北的燕国，向来和中原国家少来往；这时候也有力量向南参加国际政治了。**秦、楚、燕和新兴的韩、魏、赵、齐，是那时代的大国，称为"七雄"。** 那些小国呢，从前可以仰仗霸主的保护，作大国的附庸；现在可不成了，只好让人家吞的吞，并的并。算只留下宋、鲁等两三国，给七雄当缓冲地带。封建制度既然在崩坏中，七雄便各成一单位，各自争存，各自争强；国际政局比春秋时代紧张多了。**战争也比从前严重多了。** 列国都在自己边界上修起长城来。这时候军器进步了；从前的兵器都用铜打成，现在有用铁打成的了。战术也进步了。攻守的方法都比从前精明；从前只有兵车和步卒，现在却发展了骑兵了。**这时候还有以帮人家作战为职业的人。** 这时候的战争，杀伤是很多的。孟子说，

> ☆ 批注
>
> 历史上的战国"七雄"产生。

> ☆ 批注
>
> 战争严重，一是因为军器的进步，二是因为战术的进步。

> ☆ 批注
>
> 新的职业应运而生。

"争地以战,杀人盈野;争城以战,杀人盈城"。可见那凶惨的情形。后人因此称这时代为战国时代。

在长期混乱之后,贵族有的做了国君,有的渐渐衰灭。这个阶级算是随着封建制度崩坏了。那时候的国君,没有了世袭的大臣,便集权专制起来。**辅助他们的是一些出身贵贱不同的士人。** 那时候君主和大臣都竭力招揽有技能的人,甚至学鸡鸣学狗盗的也都收留着。 这是所谓"好客""好士"的风气。 其中最高的是说客,是游说之士。当时国际关系紧张,战争随时可起。战争到底是劳民伤财的,况且难得有把握;重要的还是外交的工夫。外交办得好,只凭口舌排难解纷,可以免去战祸;就是不得不战,也可以多找一些与国,一些帮手。**担负这种外交的人,便是那些策士,那些游说之士。** 游说之士既然这般重要,所以立谈可以取卿相;只要有计谋,会辩说就成,出身的贵贱倒是不在乎的。

> ☆ **批注**
> "士"阶层出现。社会出现了"好客""好士"的风气。

> ☆ **批注**
> 策士的作用突显,利益也很显眼,可取卿相。

七雄中的秦,从孝公用商鞅变法以后,日渐强盛。到后来成了与六国对峙的局势。这时候的游说之士,有的劝六国联合起来抗秦,有的劝六国联合起来亲秦。**前一派叫"合纵",是联合南北各国的意思,后一派叫"连横",是联合东西各国的意思——只有秦是西方的国家。** 合纵派的代表是苏秦,连横派的是张仪;他们可以代表所有的战国游说之士。 后世提到游说的策

> ☆ **批注**
> 游说之士提出来"合纵连横"策略。

> ☆ **批注**
> 苏秦、张仪是策士中的佼佼者。

《经典常谈》阅读指导

士，总想到这两个人，提到纵横家，也总是想到这两个人。**他们都是鬼谷先生的弟子。** 苏秦起初也是连横派。他游说秦惠王，秦惠王老不理他；穷得要死，只好回家。妻子，嫂嫂，父母，都瞧不起他。他恨极了，用心读书，用心揣摩；**夜里倦了要睡，用锥子扎大腿，血流到脚上。** 这样整一年，他想着成了，便出来游说六国合纵。这回他果然成功了，佩了六国相印，又有势又有钱。打家里过的时候，父母郊迎三十里，妻子低头，嫂嫂趴在地下谢罪。他叹道："人生世上，势位富贵，真是少不得的！"**张仪和楚相喝酒，楚相丢了一块璧。** 手下人说张仪穷而无行，一定是他偷的，绑起来打了几百下。**张仪始终不认，只好放了他。** 回家，他妻子说："唉，要不是读书游说，哪会受这场气！"他不理，只说："看我舌头还在罢？"妻子笑道："舌头是在的。"他说："那就成！"后来果然做了秦国的相；苏秦死后，他也大大得意了一番。

> ☆ 批注
> 苏秦"锥刺股"的故事，这里讲得简洁生动。

> ☆ 批注
> 张仪的故事，耐人寻味。

苏秦使锥子扎腿的时候，自己发狠道："哪有游说人主不能得金玉锦绣，不能取卿相之尊的道理！"这正是战国策士的心思。他们凭他们的智谋和辩才，给人家画策，办外交；谁用他们就帮谁。他们是职业的，所图的是自己的功名富贵；帮你的时候帮你，不帮的时候也许害你。翻覆，在他们看来是没有什么的。本来呢，当时七雄分立，没有共主，没有盟主，各干各的，谁胜谁得势。国际间没有是非，爱帮谁就帮谁，反正都一样。**苏秦说连横不成，就改说合纵，在策士看来，这正是当然。** 张仪说舌头在

> ☆ 批注
> 策士凭广博的知识和微妙的机智获取自己的利益，或"金玉锦绣"，或"卿相之尊"。

070

就行，说是说非，只要会说，这也正是职业的态度。 他们自己没有理想，没有主张，只求揣摩主上的心理，拐弯儿抹角投其所好。 这需要技巧；《韩非子·说难篇》专论这个。说得好固然可以取"金玉锦绣"和"卿相之尊"，说得不好也会招杀身之祸，利害所关如此之大，苏秦费一整年研究揣摩不算多。当时各国所重的是威势，策士所说原不外战争和诈谋；但要因人因地进言，广博的知识和微妙的机智都是不可少的。

记载那些说辞的书叫《战国策》，是汉代刘向编定的，书名也是他提议的。 但在他以前，汉初著名的说客蒯通，大约已经加以整理和润饰，所以各篇如出一手。《汉书》本传里记着他"论战国时说士权变，亦自序其说，凡八十一篇，号曰《隽永》"，大约就是刘向所根据的底本了。蒯通那枝笔是很有力量的。 铺陈的伟丽，叱咤的雄豪，固然传达出来了；而那些曲折微妙的声口，也丝丝入扣，千载如生。 读这部书，真是如闻其语，如见其人。 汉以来批评这部书的都用儒家的眼光。刘向的序里说战国时代"捐礼让而贵战争，弃仁义而用诈谲，苟以取强而已矣"，可以代表。但他又说这些是"高才秀士"的"奇策异智"，"亦可喜，皆可观"。这便是文辞的作用了。宋代有个李文叔，也说这部书所记载的事"浅陋不足道"，但"人读之，则必乡其说之工，而忘其事之陋者，文辞之胜移之而已"。又道，说的还不算难，记的才真难得呢。这部书除文辞之胜外，所记的事，上接春秋时代，下至楚汉兴起为

> ☆ 批注
> 《战国策》这本书的由来。

> ☆ 批注
> 蒯通的笔力不可小觑，令人惊叹不已。

> ☆ 批注
> 《战国策》的价值体现在两方面，一是文辞之胜，二是记载的历史之长。

《经典常读》阅读指导

止，共二百零二年（西元前四〇三至前二〇二），**也是一部重要的古史**。所谓战国时代，便指这里的二百零二年；而战国的名称也是刘向在这部书的序里定出的。

参考资料：
· 雷海宗《中国通史选读》第二册（清华大学讲义排印本）

名师点评

春秋末年，周王室衰弱，封建制度崩坏，社会战乱随时发生。"争地以战，杀人盈野；争城以战，杀人盈城。"外交上，策士凭靠自己的机智，有时就可避免战祸。他们的"奇策异智""亦可喜，皆可观"，文辞之胜让人"忘其事之简陋"。《战国策》一书是汉代刘向在汉初说客蒯通整理和润饰的基础上编写而成的，"战国"之名也是在这部书的序中定出的。

阅读思考

1.从文中找出诠释《战国策》文辞妙绝的句子。

2.文中写道："那时候君主和大臣都竭力招揽有技能的人，甚至学鸡鸣学狗盗的也都收留着。"这里说的"鸡鸣狗盗"，你知道是怎么回事吗？

《史记》《汉书》第九

 导读提示

　　《史》《汉》二书,并称良史。两书的成书过程充满了艰辛,里面的故事读来令人心酸。走进去,不得不佩服班、马等人的坚韧品格和担当精神。两书文质和繁省各不相同,而所采者博,所择者精,却是一样的;组织的宏大,描写的曲达,也具异曲同工之妙。

　　说起中国的史书,《史记》《汉书》,真是无人不知,无人不晓。这有两个原因。一则这两部书是最早的有系统的历史,再早虽然还有《尚书》《鲁春秋》《国语》《春秋左氏传》《战国策》等,但《尚书》《国语》《战国策》,都是记言的史,不是记事的史。《春秋》和《左传》是记事的史了,可是《春秋》太简短,《左氏传》虽够铺排的,而跟着《春秋》编年的系统,所记的事还不免散碎。《史记》创了"纪传体",叙事自黄帝以来到著者当世,就是汉武帝的时候,首尾三千多年。《汉书》采用了《史记》的体制,却以汉事为断,从高祖到王莽,只二百三十年。后来的史书全用《汉书》的体制,断代成书;二十四史里,《史记》《汉书》以外的二十二史

073

都如此。这称为"正史"。《史记》《汉书》,可以说都是"正史"的源头。二则,这两部书都成了文学的古典;两书有许多相同处,虽然也有许多相异处。大概东汉、魏、晋到唐,喜欢《汉书》的多,唐以后喜欢《史记》的多,而明、清两代犹然。这是两书文体各有所胜的缘故。**但历来班、马并称,《史》《汉》连举,它们叙事写人的技术,毕竟是大同的。**

> ☆ 批注
>
> 班、马并称,《史》《汉》连举,两书各有所胜。

《史记》,汉司马迁著。司马迁字子长,左冯翊夏阳(今陕西韩城)人,景帝中元五年(西元前一四五)生,卒年不详。他是太史令司马谈的儿子。小时候在本乡只帮人家耕耕田放放牛玩儿。司马谈做了太史令,才将他带到京师(今西安)读书。他十岁的时候,便认识"古文"的书了。二十岁以后,到处游历,真是足迹遍天下。他东边到过现在的河北、山东及江、浙沿海,南边到过湖南、江西、云南、贵州,西边到过陕、甘、西康等处,北边到过长城等处;当时的"大汉帝国",除了朝鲜、河西(今宁夏一带)、岭南几个新开郡外,他都走到了。他的出游,相传是父亲命他搜求史料去的;但也有些处是因公去的。他搜得了多少写的史料,没有明文,不能知道。可是他却看到了好些古代的遗迹,听到了好些古代的轶闻;这些都是活史料,他用来印证并补充他所读的书。**他作《史记》,叙述和描写往往特别亲切有味,便是为此。他的游历不但增扩了他的见闻,也增扩了他的胸襟;他能够综括三千多年的事,写成一部大书,而行文又极其抑扬变化之致,可见出他的胸襟是如何的阔大。**

> ☆ 批注
>
> 司马迁遍游各地,"行万里路"而得的"活史料",为他日后写《史记》奠定了基础。

他二十几岁的时候,应试得高第,做了郎中。武帝元封元年(西元前一一〇），大行封禅典礼，步骑十八万，旌旗千余里。司马谈是史官，本该从行；但是病得很重，留在洛阳不能去。司马迁却跟去了。回来见父亲，父亲已经快死了，拉着他的手呜咽着道："我们先人从虞夏以来，世代做史官；周末弃职他去，从此我家便衰微了。我虽然恢复了世传的职务，可是不成；你看这回封禅大典，我竟不能从行，真是命该如此！再说孔子因为眼见王道缺，礼乐衰，才整理文献，论《诗》《书》，作《春秋》，他的功绩是不朽的。孔子到现在又四百多年了，各国只管争战，史籍都散失了，这得搜求整理；汉朝一统天下，明主、贤君、忠臣、死义之士，也得记载表彰。我做了太史令，却没能尽职，无所论著，真是惶恐万分。你若能继承先业，再做太史令，成就我的未竟之志，扬名于后世，那就是大孝了。你想着我的话罢。"司马迁听了父亲这番遗命，低头流泪答道："儿子虽然不肖，定当将你老人家所搜集的材料，小心整理起来，不敢有所遗失。"司马谈便在这年死了；司马迁这年三十六岁。**父亲的遗命指示了他一条伟大的路。**

> ☆ **批注**
> 司马谈的遗命，在司马迁的内心深处产生了巨大的影响。这是他写《史记》的又一动因。

　　父亲死的第三年，司马迁果然做了太史令。他有机会看到许多史籍和别的藏书，便开始做整理的工夫。那时史料都集中在太史令手里，特别是汉代各地方行政报告，他那里都有。**他一面整理史料，一面却忙着改历的工作；直到太初元年（西元前一〇四），太初历完成，才动手著他的书。**

> ☆ **批注**
> 司马迁继承父业，太初元年开始《史记》的编撰。

天汉二年（西元前九九），李陵奉了贰师将军李广利的命，领了五千兵，出塞打匈奴。匈奴八万人围着他们；他们杀伤了匈奴一万多，可是自己的人也死了一大半。箭完了，又没有吃的，耗了八天，等贰师将军派救兵。救兵竟没有影子。匈奴却派人来招降。李陵想着回去也没有脸，就降了。武帝听了这个消息，又急又气。朝廷里纷纷说李陵的坏话。武帝问司马迁，李陵到底是个怎样的人。李陵也做过郎中，和司马迁同过事，司马迁是知道他的。

他说李陵这个人秉性忠义，常想牺牲自己，报效国家。这回以少敌众，兵尽路穷，但还杀伤那么些人，功劳其实也不算小。他决不是怕死的人，他的降大概是假意的，也许在等机会给汉朝出力呢。**武帝听了他的话，想着贰师将军是自己派的元帅，司马迁却将功劳归在投降的李陵身上，真是大不敬；便教将他抓起来，下在狱里。** 第二年，武帝杀了李陵全家，处司马迁宫刑。宫刑是个大辱，污及先人，见笑亲友。他灰心失望已极，只能发愤努力，在狱中专心致志写他的书，希图留个后世名。过了两年，武帝改元太始，大赦天下。他出了狱，不久却又做了宦者做的官，中书令，重被宠信。但他还继续写他的书。**直到征和二年（西元前九一），全书才得完成，共一百三十篇，五十二万六千五百字。** 他死后，这部书部分的流传；到宣帝时，他的外孙杨恽才将全书献上朝廷去，并传写公行于世。汉人称为《太史公书》《太史公》《太史公记》《太史记》。魏晋间才简称为《史记》，《史记》便成了定名。这部书流传时颇有缺佚，经后人补续改窜了不少；只有元帝、成帝间褚少孙补的有主名，其余都不容易考了。

> ☆ 批注
>
> 司马迁因李陵而下狱。

> ☆ 批注
>
> 无论何时，司马迁都没有放弃《史记》的编写，最终成功。

名著导读

司马迁是窃比孔子的。 孔子是在周末官守散失时代第一个保存文献的人；司马迁是秦火以后第一个保存文献的

> ☆ 批注
> 司马迁以孔子为榜样，担负着保存文献的工作。

人。他们保存的方法不同，但是用心一样。《史记·自序》里记着司马迁和上大夫壶遂讨论作史的一番话。司马迁引述他的父亲称扬孔子整理"六经"的丰功伟业，而特别着重《春秋》的著作。他们父子都是相信孔子作《春秋》的。他又引董仲舒所述孔子的话："我有种种觉民救世的理想，凭空发议论，恐怕人不理会；不如借历史上现成的事实来表现，可以深切著明些。"这便是孔子作《春秋》的趣旨；他是要明王道，辨人事，分明是非善恶贤不肖，存亡继绝，补敝起废，作后世君臣龟鉴【龟鉴：指可做借鉴的事物。】。《春秋》实在是礼义的大宗，司马迁相信礼治是胜于法治的。他相信《春秋》包罗万象，采善贬恶，并非以刺讥为主。像他父亲遗命所说的，汉兴以来，人主明圣盛德，和功臣、世家、贤大夫之业，是他父子职守所在，正该记载表彰。他的书记汉事较详，固然是史料多，也是他意主尊汉的缘故。他排斥暴秦，要将汉远承三代。**这正和今文家说的《春秋》尊鲁一样，他的书实在是窃比《春秋》的。** 他

> ☆ 批注
> 《春秋》"尊鲁"，《史记》"尊汉"，孔子、司马迁二人的想法是一致的。

虽自称只是"厥协《六经》异传，整齐百家杂语"，述而不作，不敢与《春秋》比，那不过是谦词罢了。

他在《报任安书》里说他的书"欲以究天人之际，通古今之变，成一家之言"。《史记·自序》里说，"罔（网）罗天下放佚旧闻，王迹所兴，原始察终，见盛观衰，论考之行事"。"王迹所兴"，始终盛衰，便是"古今之变"，也便是"天人之际"。"天人之际"只是天道对于人事的影响；这和所谓"始终盛衰"都是阴阳家言。阴阳家倡"五德终始说"，以为金木水火土五行之德，互相克胜，终始运行，循环不息。当运者盛，王迹所兴；

| 077

运去则衰。西汉此说大行，与"今文经学"合而为一。司马迁是请教过董仲舒的，董就是今文派的大师；他也许受了董的影响。**"五德终始说"原是一种历史哲学；实际的教训只是让人君顺时修德。**

> ☆ **批注**
> "顺时修德"的提醒，可谓用心良苦。

《史记》虽然窃比《春秋》，却并不用那咬文嚼字的书法，只据事实录，使善恶自见。书里也有议论，那不过是著者牢骚之辞，与大体是无关的。原来司马迁自遭李陵之祸，更加努力著书。他觉得自己已经身废名裂，要发抒意中的郁结，只有这一条通路。他在《报任安书》和《史记·自序》里引了文王以下到韩非诸贤圣，都是发愤才著书的。他自己也是个发愤著书的人。天道的无常，世变的无常，引起了他的慨叹；他悲天悯人，发为牢骚抑扬之辞。这增加了他的书的情韵。**后世论文的人推尊《史记》，一个原因便在这里。**

> ☆ **批注**
> 史记据事实录，又抒发意中的郁结。

班彪论前史得失，却说他"论议浅而不笃，其论术学，则崇黄老而薄五经，序货殖，则轻仁义而羞贫穷，论游侠，则贱守节而贵俗功"，以为"大敝伤道"；班固也说他"是非颇谬于圣人"。其实推崇道家的是司马谈；司马迁时，儒学已成独尊之势，他也成了一个推崇的人了。至于《游侠》《货殖》两传，确有他的身世之感。那时候有钱可以赎罪，他遭了李陵之祸，刑重家贫，不能自赎，所以才有"羞贫穷"的话；他在穷窘之中，交游竟没有一个抱不平来救他的，所以才有称扬游侠的话。这和《伯夷传》里天道无常的疑问，都只是偶一借题发挥，无关全书大旨。**东汉王允死看"发愤"著书一语，加上咬文嚼字的成见，便说《史记》是"佞臣"的"谤书"，那不但误解了《史**

> ☆ **批注**
> 朱自清先生的倾向性非常明显了。

记》，也太小看了司马迁。

《史记》体例有五：十二本纪，记帝王政迹，是编年的。 十表，以分年略记世代为主。 八书，记典章制度的沿革。三十世家，记侯国世代存亡。 七十列传，类记各方面人物。 史家称为"纪传体"，因为"纪传"是最重要的部分。古史不是断片的杂记，便是顺按年月的纂录；自出机杼，创立规模，以驾驭去取各种史料的，从《史记》起始。司马迁的确能够贯穿经传，整齐百家杂语，成一家言。**他明白"整齐"的必要，并知道怎样去"整齐"：这实在是创作，是以述为作。** 他这样将自有文化以来三千年间君臣士庶的行事，"合一炉而冶之"，却反映着秦汉大一统的局势。《春秋左氏传》虽也可算通史，但是规模完具的通史，还得推《史记》为第一部书。班固根据他父亲班彪的意见，说司马迁"善叙事理，辩而不华，质而不俚；其文直，其事核，不虚美，不隐恶，故谓之实录"。"直"是"简省"的意思；简省而能明确，便见本领。《史记》共一百三十篇，列传占了全书的过半数；**司马迁的史观是以人物为中心的。** 他最长于描写；靠了**他的笔，古代许多重要人物的面形，至今还活现在纸上。**

> ☆ 批注
>
> 《史记》体例，是阅读本书至关重要的知识，必须熟谙于心。

> ☆ 批注
>
> 既"明白"，又"知道"，所以才能"以述为作"。

> ☆ 批注
>
> 你能说出哪些"至今还活现在纸上"的古代重要人物？

《汉书》，汉班固著。班固，字孟坚，扶风安陵（今陕西咸阳）人，光武帝建武八年生，和帝永元四年卒（西元三二至九二），他家和司马氏一样，也是个世家；《汉书》是子继父业，也和司马迁差不多。但班固的凭籍，比司马迁好多了。他曾祖班斿，博学有才气，成帝时，和刘向同

079

《经典常谈》阅读指导

校皇家藏书。成帝赐了他全套藏书的副本,《史记》也在其中。当时书籍流传很少,得来不易;班家得了这批赐书,真像大图书馆似的。他家又有钱,能够招待客人。后来有好些学者,老远的跑到他家来看书;扬雄便是一个。班斿的次孙班彪,既有书看,又得接触许多学者;于是尽心儒术,成了一个史学家。《史记》以后,续作很多,但不是偏私,就是鄙俗;**班彪加以整理补充,著了六十五篇《后传》。** 他详论《史记》的得失,大体确当不移。他的书似乎只有本纪和列传;世家是并在列传里。这部书没有流传下来,但他的儿子班固的《汉书》是用它作底本的。

> ☆ 批注
> 《后传》为《汉书》的写作提供了一个很好的底本。

班固生在河西;那时班彪避乱在那里。班固有弟班超,妹班昭,后来都有功于《汉书》。**他五岁时随父亲到那时的京师洛阳。** **九岁时能作文章,读诗赋。** **大概是十六岁罢,他入了洛阳的大学,博览群书。** 他治学不专守一家;只重大义,不沾沾在章句上。 又善作辞赋。 为人宽和容众,不以才能骄人。 在大学里读了七年书,二十三岁上,父亲死了,他回到安陵去。 明帝永平元年(西元五八),他二十八岁,开始改撰父亲的书。 **他觉得《后传》不够详的,自己专心精究,想完成一部大书。** 过了三年,有人上书给明帝,告他私自改作旧史。当时天下新定,常有人假造预言,摇惑民心;私改旧史,更有机会造谣,罪名可以很大。

> ☆ 批注
> 简明扼要地交代班固的经历。

明帝当即诏令扶风郡逮捕班固,解到洛阳狱中,并调看他的稿子。他兄弟班超怕闹出大乱子,永平五年(西元六二),带了全家赶到洛阳;他上书给明帝,陈明原委,请求召见。明帝果然召见。他陈明班固不敢私改旧史，只是续父所作。那时扶风郡也已将班固稿子送呈。**明帝却很赏识那稿子，便命班固做校书郎，兰台令史，跟别的几个人同修世祖（光武帝）本纪。** 班家这时候很穷，班超也做了一名书记，帮助哥哥养家。后来班固等又述诸功臣的事迹，作列传载记二十八篇奏上。这些后来都成了刘珍等所撰的《东观汉记》的一部分，与《汉书》是无关的。

> ☆ 批注
> 明帝的赏识是班固人生命运发生转折的重要因素。

明帝这时候才命班固续完前稿。永平七年（西元六四），班固三十三岁，在兰台重新写他的大著。兰台是皇家藏书之处，他取精用弘，比家中自然更好。次年，班超也做了兰台令史。虽然在官不久，就从军去了，但一定给班固帮助很多。章帝即位，好辞赋，更赏识班固了。他因此得常到宫中读书，往往连日带夜的读下去。**大概在建初七年（西元八二），他的书才大致完成。** **那年他是五十一岁了。** 和帝永元元年（西元八九），车骑将军窦宪出征匈奴，用他做中护军，参议军机大事。**这一回匈奴大败，逃得不知去向。** **窦宪在出塞三千多里外的燕然山上刻石纪功，教班固作铭。** **这是著名的大手笔。**

> ☆ 批注
> 过程何其艰辛！

> ☆ 批注
> 燕然勒功的故事。

次年他回到京师，就做窦宪的秘书。当时窦宪威势极盛；班固倒没有仗窦家的势欺压人，但他的儿子和奴仆却都无法无天的。这就得罪了许多地面上的官儿；他们都敢怒而不敢言。有一回他的奴子喝醉了，在街上骂了洛阳令种兢；种兢气恨极了，但也只能记在心里。永元四年（西元九二），窦宪阴谋弑和帝；事败，自杀。他的党羽，或诛死，或

《经典常谈》阅读指导

免官。班固先只免了官，种兢却饶不过他，逮捕了他，下在狱里。**他已经六十一岁了，受不得那种苦，便在狱里死了。** 和帝得知，很觉可惜，特地下诏申斥种兢，命他将主办的官员抵罪。班固死后，《汉书》的稿子很散乱。他的妹子班昭也是高才博学，嫁给曹世叔，世叔早死，她的节行并为人所重。当时称为曹大家。这时候她奉诏整理哥哥的书；并有高才郎官十人，从她研究这部书——经学大师扶风马融，就在这十人里。书中的八表和天文志那时还未完成，她和马融的哥哥马续参考皇家藏书，将这些篇写定，这也是奉诏办的。

> **批注**
> 结局悲惨！

《汉书》的名称从《尚书》来，是班固定的。他说唐虞三代当时都有记载，颂述功德；汉朝却到了第六代才有司马迁的《史记》。而《史记》是通史，将汉朝皇帝的本纪放在尽后头，并且将尧的后裔的汉和秦、项放在相等的地位，这实在不足以推尊本朝。况《史记》只到武帝而止，也没有成段落似的。他所以断代述史，起于高祖，终于平帝时王莽之诛，共十二世，二百三十年，作纪、表、志、传凡百篇，称为《汉书》。班固著《汉书》，虽然根据父亲的评论，修正了《史记》的缺失，**但断代的主张，却是他的创见。** 他这样一面保存了文献，一面贯彻了发扬本朝功德的趣旨。所以后来的正史都以他的书为范本，名称也多叫作"书"。他这个创见，影响是极大的。他的书所包举的，比《史记》更为广大；天地、鬼神、人事、政治、道德、艺术、文章，尽在其中。

> **批注**
> 班固断代的创见，影响极大，值得点赞。

书里没有世家一体，本于班彪《后传》。汉代封建制度，实际上已不存在；无所谓侯国，也就无所谓世家。这一体的并入列传，也是自然

|082|

名著导读

之势。至于改"书"为"志"，只是避免与《汉书》的"书"字相重，无关得失。但增加了《艺文志》，叙述古代学术源流，记载皇家藏书目录，所关却就大了。《艺文志》的底本是刘歆的《七略》。刘向、刘歆父子都曾奉诏校读皇家藏书；他们开始分别源流，编订目录，使那些"中秘书"渐得流传于世，功劳是很大的。他们的原著都已不存，但《艺文志》还保留着刘歆《七略》的大部分。这是后来目录学家的宝典。原来秦火之后，直到成帝时，书籍才渐渐出现；成帝诏求遗书于天下，这些书便多聚在皇家。**刘氏父子所以能有那样大的贡献，班固所以想到在《汉书》里增立《艺文志》，都是时代使然。** 司马迁便没有这样好运气。

> ☆ 批注
> 既有对刘氏父子和班固的称赞，也有对司马迁的惋惜。

《史记》成于一人之手，《汉书》成于四人之手。**表、志由曹大家和马续补成；纪、传从昭帝至平帝有班彪的《后传》作底本。** 而从高祖至武帝，更多用《史记》的文字。这样一看，班固自己作的似乎太少。因此有人说他的书是"剽窃"而成，算不得著作。但那时的著作权的观念还不甚分明，不以抄袭为嫌；而史书也不能凭虚别构。班固删润旧文，正是所谓"述而不作"。他删润的地方，却颇有别裁，绝非率尔下笔。史书叙汉事，有阙略的，有隐晦的，经他润色，便变得详明；这是他的独到处。汉代"明主、贤君、忠臣、死义之士"，他实在表彰得更为到家。书中收载别人整篇的文章甚多，有人因此说他是"浮华"之士。这些文章大抵关系政治学术，多是经世有用之作。那时还没有文集，史书加以搜罗，不失保存文献之旨。至于收录辞赋，却是当时

> ☆ 批注
> 《汉书》是集体智慧的结晶。

083

的风气和他个人的嗜好；不过从现在看来，这些也正是文学史料，不能抹煞的。

班、马优劣论起于王充《论衡》。 他说班氏父子"文义浃备，纪事详赡"，观者以为胜于《史记》。**王充论文，是主张"华实俱成"的。** 汉代是个辞赋的时代，所谓"华"，便是辞赋化。《史记》当时还用散行文字；到了《汉书》，便弘丽精整，多用排偶，句子也长了。**这正是辞赋的影响。** 自此以后，直到唐代，一般文士，大多偏爱《汉书》，专门传习，《史记》的传习者却甚少。这反映着那时期崇尚骈文的风气。唐以后，散文渐成正统，大家才提倡起《史记》来；明归有光及清桐城派更力加推尊，《史记》差不多要驾乎《汉书》之上了。这种优劣论起于二书散整不同，质文各异；其实是跟着时代的好尚而转变的。

> ☆ 批注
> 以下内容是对班、马优劣论的介绍。

> ☆ 批注
> 《史》《汉》的文字有别，一是辞赋化的弘丽精整，一是散行文字。

晋代张辅，独不好《汉书》。 他说："世人论司马迁班固才的优劣，多以固为胜，但是司马迁叙三千年事，只五十万言，班固叙二百年事，却有八十万言。烦省相差如此之远，班固哪里赶得上司马迁呢！"刘知幾《史通》却以为"《史记》虽叙三千年事，详备的也只汉兴七十多年，前省后烦，未能折中；若教他作《汉书》，恐怕比班固还要烦些"。**刘知幾左袒班固，不无过甚其辞。** 平心而论，《汉书》

> ☆ 批注
> "独不好"一语，写出了张辅对《汉书》的烦厌。后文"班固哪里比得上司马迁呢"的反问，更将张辅这烦厌之情表达得淋漓尽致。

> ☆ 批注
> 刘知幾的看法与张辅形成鲜明对比。

名著导读

确比《史记》繁些。《史记》是通史，虽然意在尊汉，不妨详近略远，但叙汉事到底不能太详；司马迁是知道"折中"的。**《汉书》断代为书，尽可充分利用史料，尽其颂述功德的职分：载事既多，文字自然繁了，这是一。 《汉书》载别人文字也比《史记》多，这是二。 《汉书》文字趋向骈体，句子比散体长，这是三。 这都是"事有必至，理有固然"，不足为《汉书》病。** 范晔《后汉书·班固传赞》说班固叙事"不激诡，不抑抗，赡而不秽，详而有体，使读之者亹亹而不厌"，这是不错的。

> ☆ 批注
> 这是对《汉书》文字"繁"的原因分析，非常客观。

宋代郑樵在《通志·总序》里抨击班固，几乎说得他不值一钱。 刘知幾论通史不如断代，以为通史年月悠长，史料亡佚太多，所可采录的大都陈

> ☆ 批注
> "几乎说得他不值一钱"写出了郑樵抨击班固的坚决态度。

陈相因，难得新异。《史记》已不免此失；后世仿作，贪多务得，又加上繁杂的毛病，简直教人懒得去看。按他的说法，像《鲁春秋》等，怕也只能算是截取一个时代的一段儿，相当于《史记》的叙述汉事；不是无首无尾，就是有首无尾。这都不如断代史的首尾一贯好。像《汉书》那样，所记的只是班固的近代，史料丰富，搜求不难。只需破费工夫，总可一新耳目，"使读之者亹亹而不厌"的。郑樵的意见恰相反。他注重会通，以为历史是联贯的，要明白因革损益的轨迹，非会通不可。通史好在能见其全，能见其大。他称赞《史记》，说是"《六经》之后，惟有此作"。他说班固断汉为书，古今间隔，因革不明，失了会通之道，真只算是片段罢了。其实通古和断代，各有短长，刘、郑都不免一偏之见。

| 085 |

《经典常读》阅读指导

《史》《汉》可以说是各自成家。
《史记》"文直而事核"，《汉书》"文赡而事详"。司马迁感慨多，微情妙旨，时在文字蹊径之外；《汉书》却一览之余，情词俱尽。

> ☆ 批注
>
> 最后总结，以对《史》《汉》两书进行整体评价收尾。

但是就史论史，班固也许比较客观些，比较合体些。明茅坤说"《汉书》以矩矱胜"，清章学诚说"班氏守绳墨"，"班氏体方用智"，都是这个意思。晋傅玄评班固，"论国体则饰主阙而折忠臣，叙世教则贵取容而贱直节"。这些只关识见高低，不见性情偏正，和司马迁《游侠》《货殖》两传蕴含着无穷的身世之痛的不能相比，所以还无碍其为客观的。总之，《史》《汉》二书，文质和繁省虽然各不相同，而所采者博，所择者精，却是一样；组织的弘大，描写的曲达，也同工异曲。二书并称良史，决不是偶然的。

参考资料：

• 郑鹤声《史汉研究》《司马迁年谱》《班固年谱》

名师点评

读本文，我们对《史》《汉》二书背后的故事有了更为深刻的认识。《史记》创"纪传体"，叙事自黄帝到著者当世，就是汉武帝的时候，首尾三千年；《汉书》采用《史记》体制，却以汉事为断，从高祖到王莽，只二百三十年。《史记》"文直而事核"，《汉书》"文赡而事详"。《史》《汉》是"正史"源头，阅读经典，这两书是躲不过的。

086

阅读思考

1.鲁迅评价《史记》为"史家之绝唱,无韵之《离骚》",对《史记》的史学价值给予了高度评价。你知道《史记》的五种体例吗?

2."燕然勒功"的典故与哪两个人有关?

3.司马迁在《报任安书》中写道:"盖文王拘而演《周易》;仲尼厄而作《春秋》;屈原放逐,乃赋《离骚》;左丘失明,厥有《国语》;孙子膑脚,《兵法》修列;不韦迁蜀,世传《吕览》;韩非囚秦,《说难》《孤愤》;《诗》三百篇,大抵圣贤发愤之所为作也。"将文中与之表达一致的说法写出来。

诸子第十

 导读提示

　　诸子都出于职业的"士"。"士"本是封建制度里贵族的末一级；但到了春秋、战国之际，"士"成了有才能的人的通称。子部收录诸子百家等十四个大类的著作，朱自清先生概括为诸子。诸子百家思想的产生也在《战国策》的时代。社会动荡不安，有志之士对于局势提出了种种的主张，并且开始开门授徒，形成了不同的流派，各"思以其道易天下"。直到汉武帝时，汉武帝接受董仲舒建议，尊崇儒术，这种局面才算结束。

　　春秋末年，封建制度开始崩坏，贵族的统治权，渐渐维持不住。社会上的阶级，有了紊乱的现象。到了战国，更看见农奴解放，商人抬头。这时候一切政治的社会的经济的制度，都起了根本的变化。大家平等自由，形

> ☆ **批注**
> 　春秋末战国时的社会状况发生了根本变化，这是诸子之学形成的背景。

成了一个大解放的时代。 在这个大变动当中，一些才智之士对于当前的情势，有种种的看法，有种种的主张；他们都想收拾那动乱的局面，让它稳定下来。有些倾向于守旧的，便起来拥护旧文化、旧制度；向当世的君主和一般人申述他们拥护的理由，给旧文化、旧制度找出理论上的根据。也有些人起来批评或反对旧文化、旧制度；又有些人要修正那些。还有人要建立新文化、新制度来代替旧的；还有人压根儿反对一切文化和制度。**这些人也都根据他们自己的见解各说各的，都"持之有故，言之成理"。** 这便是诸子之学，大部分可以称为哲学。 这是一个思想解放的时代，也是一个思想发达的时代，在中国学术史里是稀有的。

> ☆ 批注
>
> 这是一个"百花齐放"的时代，思想解放、思想发达。

诸子都出于职业的"士"。"士"本是封建制度里贵族的末一级；但到了春秋、战国之际，"士"成了有才能的人的通称。在贵族政治未崩坏的时候，所有的知识、礼、乐等等，都在贵族手里，平民是没份的。那时有知识技能的专家，都由贵族专养专用，都是在官的。到了贵族政治崩坏以后，贵族有的失了势，穷了，养不起自用的专家。这些专家失了业，流落到民间，便卖他们的知识技能为生。凡有权有钱的都可以临时雇用他们；他们起初还是伺候贵族的时候多，不过不限于一家贵族罢了。**这样发展了一些自由职业；靠这些自由职业为生的，渐渐形成了一个特殊阶级，便是"士农工商"的"士"。**

> ☆ 批注
>
> "士"这一特殊阶层，是社会发展过程中自然产生的。

这些"士"，这些专家，后来居然开门授徒起来。徒弟多了，声势就大了，地位也高了。他们除掉执行自己的职业之外，不免根据他们专门的知识技能，研究起当时的文化和制度来了。这就有了种种看法和主

089

《经典常谈》阅读指导

张。各"思以其道易天下"。诸子百家便是这样兴起的。

第一个开门授徒发扬光大那非农非工非商非官的"士"的阶级的，是孔子。孔子名丘，他家原是宋国的贵族，贫寒失势，才流落到鲁国去。他自己做了一个儒士；儒士是以教书和相礼为职业的，他却只是一个"老教书匠"。他的教书有一个特别的地方，就是"有教无类"。他大招学生，不问身家，只要缴相当的学费就收；收来的学生，一律教他们读《诗》《书》等名贵的古籍，并教他们礼乐等功课。**这些从前是只有贵族才能够享受的，孔子是第一个将学术民众化的**

☆ 批注

孔子开门授徒，"有教无类"，将学术民众化。

人。 他又带着学生，周游列国，说当世的君主；这也是从前没有的。他一个人开了讲学和游说的风气，是"士"阶级的老祖宗。他是旧文化、旧制度的辩护人，以这种姿态创始了所谓儒家。所谓旧文化、旧制度，主要的是西周的文化和制度，孔子相信是文王、周公创造的。继续文王、周公的事业，便是他给他自己的使命。他自己说，"述而不作，信而好古"；所述的，所信所好的，都是周代的文化和制度。《诗》《书》《礼》《乐》等是周文化的代表，所以他拿来作学生的必修科目。这些原是共同的遗产，但后来各家都讲自己的新学说，不讲这些；讲这些的始终只有"述而不作"的儒家。**因此《诗》《书》《礼》《乐》等便成为儒家的专有品了。**

☆ 批注

孔子讲学的内容。

孔子是个博学多能的人，他的讲学是多方面的。**他讲学的目的在于养成"人"，养成为国家服务的人，并不在于养成某一家的学者。** 他教学生读各种书，学各种功课之外，更注重人

☆ 批注

养成"人"是孔子讲学的目的。

090

格的修养。他说为人要有真性情，要有同情心，能够推己及人，这所谓"直""仁""忠""恕"；一面还得合乎礼，就是遵守社会的规范。凡事只问该做不该做，不必问有用无用；只重义，不计利。这样人才配去干政治，为国家服务。**孔子的政治学说，是"正名主义"。** 他想着当时制度的崩坏，阶级的紊乱，都是名不正的缘故。君

> ☆ 批注
> 名不正则言不顺，名正言顺是也。

没有君道，臣没有臣道，父没有父道，子没有子道，实和名不能符合起来，天下自然乱了。救时之道，便是"君君，臣臣，父父，子子"；正名定分，社会的秩序，封建的阶级便会恢复的。他是给封建制度找了一个理论的根据。这个正名主义，又是从《春秋》和古史官的种种书法归纳得来的。他所谓"述而不作"，其实是以述为作，就是理论化旧文化、旧制度，要将那些维持下去。他对于中国文化的贡献，便在这里。

孔子以后，儒家还出了两位大师，孟子和荀子。 孟子名轲，邹人；荀子名况，赵人。这两位大师代表儒家的两派。

> ☆ 批注
> 比较"孟子"和"荀子"的不同主张。

他们也都拥护周代的文化和制度，但更进一步的加以理论化和理想化。孟子说人性是善的。人都有恻隐心、羞恶心、辞让心、是非心；这便是仁义礼智等善端，只要能够加以扩充，便成善人。这些善端，又总称为"不忍人之心"。圣王本于"不忍人之心"，发为"不忍人之政"，便是"仁政""王政"。一切政治的经济的制度都是为民设的，君也是为民设的——这却已经不是封建制度的精神了。和王政相对的是霸政。霸主的种种制作设施，有时也似乎为民，其实不过是达到好名好利好尊荣的手段罢了。荀子说人性是恶的。性是生之本然，里面不但没有善端，还有争夺放纵等恶端。但是人有相当聪明才力，可以渐渐改善

091

《经典常谈》阅读指导

学好；积久了，习惯自然，再加上专一的工夫，可以到圣人的地步。所以善是人为的。孟子反对功利，他却注重它。他论王霸的分别，也从功利着眼。孟子注重圣王的道德，他却注重圣王的威权。他说生民之初，纵欲相争，乱得一团糟；圣王建立社会国家，是为明分息争的。礼是社会的秩序和规范，作用便在明分；乐是调和情感的，作用便在息争。他这样从功利主义出发，给一切文化和制度找到了理论的根据。

儒士多半是上层社会的失业流民；儒家所拥护的制度，所讲所行的道德也是上层社会所讲所行的。**还有原业农工的下层失业流民，却多半成为武士。** 武士是以帮人打仗为职业的专家。墨翟便出于武士。墨家的创始者墨翟，鲁国人，后来做到宋国的大夫，但出身大概是很微贱的。**"墨"原是做苦工的犯人的意思，大概是个诨名；"翟"是名字。** 墨家本是贱者，也就不辞用那个诨名自称他们的学派。 **墨家是有团体组织的，他们的首领叫作"巨子"；墨子大约就是第一任"巨子"。** 他们不但是打仗的专家，并且是制造战争器械的专家。

但墨家和别的武士不同，他们是有主义的。 他们虽以帮人打仗为生，却反对侵略的打仗；他们只帮被侵略的弱小国家做防卫的工作。《墨子》里只讲守的器械和方法，攻的方面，特意不讲。这是他们的"非攻"主义。他们说天下大害，在于人的互争；天下人都该视人如己，互相帮助，不但利他，而且利己。这是"兼爱"主义。墨家注重功利，凡与国家人民有利的事物，才认为有价值。国家人民，

> ☆ 批注
>
> 士分儒士和武士。武士是下层中的失业流民。

> ☆ 批注
>
> 解说墨家，简洁明了，让我们有了更为清楚的认识。

> ☆ 批注
>
> 墨家有"非攻"和"兼爱"的主义。

利在富庶；凡能使人民富庶的事物是有用的，别的都是无益或有害。他们是平民的代言人，所以反对贵族的周代的文化和制度。他们主张"节葬""短丧""节用""非乐"，都和儒家相反。他们说他们是以节俭勤苦的夏禹为法的。他们又相信有上帝和鬼神，能够赏善罚恶；这也是下层社会的旧信仰。**儒家和墨家其实都是守旧的；不过一个守原来上层社会的旧，一个守原来下层社会的旧罢了。**

> ☆ 批注
> 儒家和墨家在"守旧"上的不同，都带着本来阶层的深深的烙印。

压根儿反对一切文化和制度的是道家。道家出于隐士。孔子一生曾遇到好些"避世"之士；他们着实讥评孔子。这些人都是有知识学问的。**他们看见时世太乱，难以挽救，便消极起来，对于世事，取一种不闻不问的态度。** 他们讥评孔子"知其不可而为之"，费力不讨好；他们自己便是知其不可而不为的，独善其身的聪明人。 后来有个杨朱，也是这一流人，他却将这种态度理论化了，建立"为我"的学说。他主张"全生保真，不以物累形"；将天下给他，换他小腿上一根汗毛，他是不干的。天下虽大，是外物；一根毛虽小，却是自己的一部分。所谓"真"，便是自然。杨朱所说的只是教人因生命的自然，不加伤害；"避世"便是"全生保真"的路。不过世事变化无穷，避世未必就能避害，杨朱的教义到这里却穷了。老子、庄子的学说似乎便是从这里出发，加以扩充的。**杨朱实在是道家的先锋。**

> ☆ 批注
> 道家的主张是独善其身，知其不可而不为。

> ☆ 批注
> 老庄之前还有杨朱，道家的先锋是杨朱。

老子相传姓李名耳，楚国隐士。楚人是南方新兴的民族，受周文

《经典常谈》阅读指导

化的影响很少；他们往往有极新的思想。孔子遇到那些隐士，也都在楚国；这似乎不是偶然的。庄子名周，宋国人，他的思想却接近楚人。老学以为宇宙间事物的变化，都遵循一定的公律，在天然界如此，在人事界也如此。这叫作"常"。顺应这些公律，便不须避害，自然能避害。所以说，**知常曰明**。事物变化的最大公律是物极则反。处世接物，最好先从反面下手。"将欲翕之，必固张之；将欲弱之，必固强之；将欲废之，必固兴之；将欲夺之，必固与之。""大直若屈，大巧若拙，大辩若讷。"这样以退为进，便不至于有什么冲突了。因为物极则反，所以社会上政治上种种制度，推行起来，结果往往和原来目的相反。"法令滋彰，盗贼多有。"治天下本求有所作为，但这是费力不讨好的，不如排除一切制度，顺应自然，无为而为，不治而治。那就无不为，无不治了。自然就是"道"，就是天地万物所以生的总原理。物得道而生，是道的具体表现。一物所以生的原理叫作"德"，"德"是"得"的意思。所以宇宙万物都是自然的。这是老学的根本思想；也是庄学的根本思想。但庄学比老学更进一步。他们主张绝对的自由，绝对的平等。天地万物，无时不在变化之中，不齐是自然的。一切但须顺其自然，所有的分别，所有的标准，都是不必要的。社会上政治上的制度，硬教不齐的齐起来，只徒然伤害人性罢了。所以圣人是要不得的；儒墨是"不知耻"的。按庄学说，凡天下之物都无不好，凡天下的意见，都无不对；无所谓物我，无所谓是非。甚至死和生也都是自然的变化，都是可喜的。明白这些个，便能与自然打成一片，成为"无入而不自得"的至人了。**老庄两派，汉代总称为道家。**

> ☆ **批注**
> "常"是什么？

> ☆ **批注**
> 道家的代表，无非就是老子和庄子。

名著导读

庄学排除是非，是当时"辩者"的影响。**"辩者"汉代称为名家，出于讼师。**辩者的一个首领郑国邓析，便是春秋末年著名的讼师。另一个首领梁相惠施，也是法律行家。邓析的本事在对于法令能够咬文嚼字的取巧，"以是为非，以非为是。"语言文字往往是多义的；他能够分析语言文字的意义，利用来作种种不同甚至相反的解释。这样发展了辩者的学说。当时的辩者有惠施和公孙龙两派。**惠施派说，世间各个体的物，各有许多性质；但这些性质，都因比较而显，所以不是绝对的。** **各物都有相同之处，也都有相异之处。** **从同的一方面看，可以说万物无不相同；从异的一方面看，可以说万物无不相异。** **同异都是相对的：这叫作"合同异"。**

> ☆ 批注
>
> 介绍"辩者"，著名的有邓析、惠施和公孙龙。

> ☆ 批注
>
> 介绍惠施派"合同异"的主张。

公孙龙，赵人。他这一派不重个体而重根本，他说概念有独立分离的存在。譬如一块坚而白的石头，看的时候只见白，没有坚；摸的时候只觉坚，不见白。所以白性与坚性两者是分离的。况且天下白的东西很多，坚的东西也很多，有白而不坚的，也有坚而不白的。也可见白性与坚性是分离的，白性使物白，坚性使物坚；这些虽然必须因具体的物而见，但实在有着独立的存在，不过是潜存罢了。这叫作"离坚白"。**这种讨论与一般人感觉和常识相反，所以当时以为"怪说""琦辞"，"辩而无用"。** **但这种纯理论的兴趣，在哲学上是有它的价值的。** 至于辩者对于社会政治的主张，却近于墨家。

> ☆ 批注
>
> 一分为二地分析"离坚白"的说法。

儒、墨、道各家有一个共通的态度，就是托古立言；他们都假托古

| 095

《经典常读》阅读指导

圣贤之言以自重。孔子托于文王、周公,墨子托于禹,孟子托于尧舜,老、庄托于传说中尧、舜以前的人物;一个比一个古,一个压一个。**不托古而变古的只有法家。** 法家出于"法术之士",法术之士是以政治为职业的专家。贵族政治

> ☆ 批注
> 巧妙过渡,由"托古"到"变古",引出对法家的解说。

崩坏的结果,一方面是平民的解放,一方面是君主的集权。这时候国家的范围,一天一天扩大,社会的组织也一天一天复杂。**人治、礼治,都不适用了。** 法术之士便创一种新的政治方法帮助当时的君主整理国政,做他们的参谋。 **这就是法治。** 当时现实政治和各方面的趋势是变古——尊君

> ☆ 批注
> 你能说出"人治""礼治""法治"的区别吗?

权、禁私学、重富豪。法术之士便拥护这种趋势,加以理论化。

他们中间有重势、重术、重法三派,而韩非子集其大成。他本是韩国的贵族,学于荀子。**他采取荀学、老学和辩者的理论,创立他的一家言;他说势、术、法三者都是"帝王之具",缺**

> ☆ 批注
> 法家的韩非子集势、术、法三者之大成。

一不可。 势的表现是赏罚:赏罚严,才可以推行法和术。因为人性究竟是恶的。术是君主驾驭臣下的技巧。综核名实是一个例。譬如教人做某官,按那官的名位,该能做出某些成绩来;君主就可以照着去考核,看他名实能相副否。又如臣下有所建议,君主便叫他去做,看他能照所说的做到否。名实相副的赏,否则罚。法是规矩准绳,明主制下了法,庸主只要守着,也就可以治了。君主能够兼用法、术、势,就可以一驭万,以静制动,无为而治。诸子都讲政治,但都是非职业的,多偏于理想。只有法家的学说,从实际政治出来,切于实用。中国后来的

096

名著导读

政治，大部分是受法家的学说支配的。

古代贵族养着礼乐专家，也养着巫祝、术数专家。礼乐原来的最大的用处在丧、祭。丧、祭用礼乐专家，也用巫祝；这两种人是常在一处的同事。巫祝固然是迷信的；礼乐里原先也是有迷信成分的。礼乐专家后来沦为儒士；巫祝术数专家便沦为方士。他们关系极密切，所注意的事有些是相同的。**汉代所称的阴阳家便出于方士。** 古代术数注意于所谓"天人之际"，以为天道人事互相影响。战国末年有些人更将这种思想推行起来，并加以理论化，使它成为一贯的学说。这就是阴阳家。

> ☆批注
> 介绍方士中的阴阳家。

当时阴阳家的首领是齐人驺衍。 他研究"阴阳消息"，创为"五德终始"说。"五德"就是五行之德。五行是古代的信仰。驺衍以为五行是五种天然势力，所谓"德"。每一德，各有盛衰的循环。在它当运的时候，天道人事，都受它支配。等到它运尽而衰，为别一德所胜所克，别一德就继起当运。木胜土，金胜木，火胜金，水胜火，土胜水，这样"终始"不息。历史上的事变都是这些天然势力的表现。每一朝代，代表一德；朝代是常变的，不是一家一姓可以永保的。**阴阳家也讲仁义名分，却是受儒家的影响。** 那时候儒家也在开始受他们的影响，讲《周易》，作《易传》。到了秦汉间，儒家更几乎与他们混合为一；西汉今文家的经学大部便建立在阴阳家的基础上。后来"古文经学"虽然扫除了一些"非常""可怪"之论，但阴阳家的思想已深入人心，牢不可拔了。

> ☆批注
> 阴阳家驺衍创立"五德终始"说。

> ☆批注
> 阴阳家的又一主张是"仁义名分"。

097

《经典常读》阅读指导

战国末期，一般人渐渐感着统一思想的需要，秦相吕不韦便是作这种尝试的第一个人。他教许多门客合撰了一部《吕氏春秋》。现在所传的诸子书，大概都是汉人整理编定的；他们大概是将同一学派的各篇编辑起来，题为某子。所以都不是有系统的著作。《吕氏春秋》却不然；它是第一部完整的书。吕不韦所以编这部书，就是想化零为整，集合众长，统一思想。他的基调却是道家。秦始皇统一天下，李斯为相，实行统一思想。他烧书，禁天下藏"《诗》《书》百家语"。但时机到底还未成熟，而秦不久也就亡了，李斯是失败了。所以汉初诸子学依然很盛。

> ☆ 批注
> 吕不韦编撰《吕氏春秋》，以图统一思想。

> ☆ 批注
> 李斯统一思想的做法以失败告终。

到了汉武帝的时候，淮南王刘安仿效吕不韦的故智，教门客编了一部《淮南子》，也以道家为基调，也想来统一思想。但成功的不是他，是董仲舒。董仲舒向武帝建议："《六经》和孔子的学说以外，各家一概禁止。邪说息了，秩序才可统一，标准才可分明，人民才知道他们应走的路。"武帝采纳了他的话。从此，帝王用功名利禄提倡他们所定的儒学，儒学统于一尊；春秋战国时代言论思想极端自由的空气便消灭了。这时候政治上既开了从来未有的大局面，社会和经济各方面的变动也渐渐凝成了新秩序，思想渐归于统一，也是自然的趋势。在这新秩序里，农民还占着大多数，宗法社会还保留着，旧时的礼教与制度一部分还可适用，不过民众化了罢了。另一方面，要创立政治上社会上各种新制度，也得参考旧

> ☆ 批注
> 刘安组织编写《淮南子》，也想来统一思想。

> ☆ 批注
> 汉武帝在思想上接受董仲舒建议：尊崇儒术。

098

的。这里便非用儒者不可了。儒者通晓以前的典籍，熟悉以前的制度，而又能够加以理想化、理论化，使那些东西秩然有序，粲然可观。别家虽也有政治社会学说，却无具体的办法，就是有，也不完备，赶不上儒家；在这建设时代，自然不能和儒学争胜。儒学的独尊，也是当然的。

参考资料：

• 冯友兰《中国哲学史》第一篇

 **名师点评**

诸子之学，真的是异彩纷呈。孔子首先开门授徒，提倡"有教无类"，将学术民众化；墨家提倡"兼爱""非攻"，主张"节用""非乐"；道家的老庄哲学，提倡无为而治，绝对的平等自由；法家韩非子集势、术、法之大成；阴阳家提出"五德终始"说，等等。

由自由分散走向统一是趋势，吕不韦组织编写《吕氏春秋》、刘安组织编撰《淮南子》，都是在向统一思想的方向迈进，最后汉武帝采纳董仲舒的建议，儒学统于一尊。

阅读思考

1.儒士、武士和方士的代表分别是谁？

2.阅读《庄子与惠子游于濠梁之上》一文,完成文后问题。

庄子与惠子游于濠梁之上。庄子曰:"鲦鱼出游从容,是鱼之乐也。"惠子曰:"子非鱼,安知鱼之乐?"庄子曰:"子非我,安知我不知鱼之乐?"惠子曰:"我非子,固不知子矣;子固非鱼也,子之不知鱼之乐,全矣!"庄子曰:"请循其本。子曰'汝安知鱼乐'云者,既已知吾知之而问我。我知之濠上也。"

下列对选文的理解的分析,不正确的一项是 （ ）

A. 选文中,庄子与惠子两位辩论高手,在濠水的一座桥梁之上游玩,俯看鲦鱼自由自在地游来游去,因而引发联想,展开了一场人能否知道"鱼之乐"的辩论。

B. 庄子坚持认为"出游从容"的鲦鱼很快乐,其实也就是他自己愉悦心境的投射与外化。

C. 选文除了第一句用叙述语言交代故事背景,通篇采用对话形式,用以子之矛攻子之盾的方法,把这场辩论引向深入。

D. 选文中,惠子力辩,拘泥于事物的真实性;庄子巧辩,超然于物事之外。两人话锋强硬,咄咄逼人,让人感受不到丝毫的轻松与闲适。

辞赋第十一

 导读提示

"辞赋"该是一个偏义复合词,专指"辞",后称为"赋",浑言称"辞赋"。《楚辞》一书,最具有代表性的就是屈原的《离骚》,其实还有东方朔、王褒、刘向等一大批模仿《离骚》的文人作品,也一并纳入了《楚辞》一书。荀子的《赋篇》最早称"赋",在《汉书·艺文志·诗赋略》里将赋分为四类,后来不断发展演变,字句整炼,务求精巧,甚至发展到了一种技艺。赋是文,不是诗。

屈原是我国历史里永被纪念着的一个人。旧历五月五日端午节,相传便是他的忌日;他是投水死的,竞渡据说原来是表示救他的,粽子原来是祭他的。现在定五月五日为诗人节,也是为了纪念的缘故。他是个忠臣,而且是个缠绵

> ☆ **批注**
>
> 提到端午节,自然就会想起屈原。

> ☆ **批注**
>
> 屈原是忠臣,也是节士。他的一生让我们充满敬意与同情。

101

《经典常读》阅读指导

悱恻的忠臣；他是个节士，而且是个浮游尘外、清白不污的节士。**"举世皆浊而我独清，众人皆醉而我独醒"，他的身世是一出悲剧。可是他永生在我们的敬意尤其是我们的同情里。**"原"是他的号，"平"是他的名字。他是楚国的贵族，怀王时候，做"左徒"的官。左徒好像现在的秘书。他很有学问，熟悉历史和政治，口才又好。一方面参赞国事，一方面给怀王见客，办外交，头头是道。怀王很信任他。

当时楚国有亲秦亲齐两派；屈原是亲齐派。秦国看见屈原得势，便派张仪买通了楚国的贵臣上官大夫、靳尚等，在怀王面前说他的坏话。怀王果然被他们所惑，将屈原放逐到汉北去。张仪便劝怀王和齐国绝交，说秦国答应割地六百里。楚和齐绝了交，张仪却说答应的是六里。怀王大怒，便举兵伐秦，不料大败而归。这时候想起屈原来了，将他召回，教他出使齐国。亲齐派暂时抬头。但是亲秦派不久又得势。怀王终于让秦国骗了去，拘留着，就死在那里。这件事是楚人最痛心的，屈原更不用说了。可是怀王的儿子顷襄王，却还是听亲秦派的话，将他二次放逐到江南去。**他流浪了九年，秦国的侵略一天紧似一天；他不忍亲见亡国的惨象，又想以一死来感悟顷襄王，**便自沉在汨罗江里。

> ☆ 批注
>
> 在派别纷争中，屈原两次遭流放，"信而见疑，忠而被谤"。

《楚辞》中《离骚》和《九章》的各篇，都是他放逐时候所作。《离骚》尤其是千古流传的杰构。这一篇大概是二次被放时作的。他感念怀王的信任，却恨他糊涂，让一群小人蒙蔽着，播弄着。而顷襄王又不能觉悟；以致国土日削，国势日危。他自己呢，

> ☆ 批注
>
> 总说，引出下文对"辞""赋"的介绍。

|102|

名著导读

"信而见疑，忠而被谤"，简直走投无路；满腔委屈，千端万绪的，没人可以诉说。终于只能告诉自己的一支笔，《离骚》便是这样写成的。"离骚"是"别愁"或"遭忧"的意思。**他是个富于感情的人，那一腔遏抑不住的悲愤，随着他的笔奔迸出来，"东一句，西一句，天上一句，地下一句"，只是一片一段的，没有篇章可言。** 这和人在疲倦或苦痛的时候，叫"妈呀！""天哪！"一样；心里乱极了，闷极了，叫叫透一口气，自然是顾不到什么组织的。

> ☆ 批注
> 情动而辞发，笔端自然奔迸出来的是悲愤，是郁闷。

篇中陈说唐、虞、三代的治，桀、纣、羿、浇的乱，善恶因果，历历分明；用来讽刺当世，感悟君王。 他又用了许多神话里的譬喻和动植物的譬喻，委曲地表达出他对于怀王的忠爱，对于贤人君子的向往，对于群小的深恶痛疾。 他将怀王比作美人，他是"求之不得"，"辗转反侧"；情辞凄切，缠绵不已。 他又将贤臣比作香草。 "美人香草"从此便成为政治的譬喻，影响后来解诗作诗的人很大。 汉淮南王刘安作《离骚传》说：**"《国风》好色而不淫，《小雅》怨诽而不乱，若《离骚》者可谓兼之矣。"**"好色而不淫"似乎就指美人香草用作政治的譬喻而言；"怨诽而不乱"是怨而不怒的意思。虽然我们相信《国风》的男女之辞并非政治的譬喻，但断章取义，淮南王的话却是《离骚》的确切评语。

《九章》的各篇原是分立的，大约汉人才合在一起，给了"九章"的

> ☆ 批注
> 《离骚》的内容和写法，尤其是"香草美人"的比喻非常经典。

> ☆ 批注
> 刘安对《离骚》的确切评价："好色而不淫""怨诽而不乱"。

103

名字。这里面有些是屈原初次被放时作的,有些是二次被放时作的,差不多都是"上以讽谏,下以自慰";引史事,用譬喻,也和《离骚》一样。《离骚》里记着屈原的世系和生辰,这几篇里也记着他放逐的时期和地域;这些都可以算是他的自叙传。他还作了《九歌》《天问》《远游》《招魂》等,却不能算自叙传,也"不皆是怨君";**后世都说成怨君,便埋没了他的别一面的出世观了。 他其实也是一"子",也是一家之学。 这可以说是神仙家,出于巫**。《离骚》里说到周游上下四方,驾车的动物,驱使的役夫,都是神话里的。《远游》更全是说的周游上下四方的乐处。这种游仙的境界,便是神仙家的理想。

> ☆ 批注
> 屈原既是入世的,也是出世的,他是神仙家。这种说法上承"诸子之学",前后衔接。

《远游》开篇说,"悲时俗之迫厄兮,愿轻举而远游",篇中又说,"临不死之旧乡"。人间世太狭窄了,也太短促了,人是太不自由自在了。神仙家要无穷大的空间,所以要周行无碍;要无穷久的时间,所以要长生不老。**他们要打破现实的有限的世界,用幻想创出一个无限的世界来。** 在这无限的世界里,所有的都是神话里的人物;有些是美丽的,也有些是丑怪的。《九

> ☆ 批注
> 神仙家屈原的笔下有一个用幻想创造出来的无限的世界。

歌》里的神大都可爱;《招魂》里一半是上下四方的怪物,说得顶怕人的,可是一方面也奇诡可喜。因为注意空间的扩大,所以对于天地山川日月星辰,在在【在在:处处。】都有兴味。《天问》里许多关于天文地理的疑问,便是这样来的。一面惊奇天地之广大,一面也惊奇人事之诡异——善恶因果,往往有不相应的;《天问》里许多关于历史的疑问,便从这里着眼。这却又是他的入世观了。

要达到**游仙的境界**，须要"虚静以恬愉"，"无为而自得"，还须导引养生的修炼功夫，这在《远游》里都说了。屈原受庄学的影响极大。这些都是庄学；周行无碍，长生不老，以及神话里的人物，也都是庄学。但庄学只到"我"与自然打成一片而止，并不想创造一个无限的世界；神仙家似乎比庄学更进了一步。神仙家也受阴阳家的影响；阴阳家原也讲天地广大，讲禽兽异物的。阴阳家是齐学。齐国滨海，多有怪诞的思想。屈原常常出使到那里，所以也沾了齐气。还有齐人好"隐"。"隐"是"遁词以隐意，谲譬以指事"，是用一种滑稽的态度来讽谏。淳于髡可为代表。楚人也好"隐"。屈原是楚人，而他的思想又受齐国的影响，他爱用种种政治的譬喻，大约也不免沾点齐气。但是他不取滑稽的态度，他是用一副悲剧面孔说话的。《诗大序》所谓"谲谏"，所谓"言之者无罪，闻之者足以戒"，倒是合适的说明。至于像《招魂》里的铺张排比，也许是纵横家的风气。

> ☆ 批注
>
> 这种境界里有庄学，比庄学甚至更进一步；有阴阳家的齐气，有纵横家的风气。

《离骚》各篇多用"兮"字足句，句逗以参差不齐为主。"兮"字足句，三百篇中已经不少；句逗参差，也许是"南音"的发展。"南"本是南乐的名称；三百篇中的二南，本该与风、雅、颂分立为四。二南是楚诗，乐调虽已不能知道，但和风、雅、颂必有异处。从二南到《离骚》，现在只能看出句逗由短而长、由齐而畸的一个趋势；这中间变迁的轨迹，我们还能找到一些，总之，绝不是突如其来的。这句逗的发展，大概有多少音乐的影响。从《汉书·王褒传》，可以知道楚辞的诵读是有特别的调子的，这正是音

> ☆ 批注
>
> "兮"字足句，句逗参差是《离骚》语言上的突出特色。

《经典常谈》阅读指导

乐的影响。**屈原诸作奠定了这种体制，模拟的日渐其多。** 就中最出色的是宋玉，他作了《九辩》。宋玉传说是屈原的弟子；《九辩》的题材和体制都模拟《离骚》和《九章》，算是代屈原说话，不过没有屈原那样激切罢了。宋玉自己可也加上一些新思想；他是第一个描写"悲秋"的人。还有个景差，据说是《大招》的作者；《大招》是模拟《招魂》的。

> **批注**
> 屈原的《离骚》影响深远，后面出现了宋玉和景差，汉代模拟的更多。

到了汉代，模拟《离骚》的更多，东方朔、王褒、刘向、王逸都走着宋玉的路。大概武帝时候最盛，以后就渐渐地差了。汉人称这种体制为"辞"，又称为"楚辞"。**刘向将这些东西编辑起来，成为《楚辞》一书。** 东汉王逸给作注，并加进自己的拟作，叫作《楚辞章句》。 北宋洪兴祖又作《楚辞补注》；《章句》和《补注》合为《楚辞》标准的注本。 **但汉人又称《离骚》等为"赋"。**《史记·屈原传》说他"作《怀沙》之赋"；《怀沙》是《九章》之一，本无"赋"名。《传》尾又说："宋玉、唐勒、景差之徒，皆好辞而以赋见称。"《汉书·艺文志》《诗赋略》列"屈原赋二十五篇"，就是《离骚》等。 大概"辞"是后来的名字，专指屈、宋一类作品；赋虽从辞出，却是先起的名字，在未采用"辞"的名字以前，本包括"辞"而言。 所以浑言称"赋"，称"辞赋"，分言称"辞"和"赋"。 后世引述屈、宋诸家，只通称"楚辞"，没有单称"辞"的。 但却有称"骚""骚体""骚赋"的，这自然是《离骚》的影响。

> **批注**
> 《楚辞》的成书和注本。

> **批注**
> "辞""赋"辨析。看来，"赋"虽从"辞"出，却在"辞"先。

荀子的《赋篇》最早称"赋"。篇中分咏"礼""知""云""蚕""箴（针）"五件事物，像是谜语；其中颇有讽世的话，可以说是"隐"的支流余裔。荀子久居齐国的稷下，又在楚国做过县令，死在那里。他的好"隐"，也是自然的。《赋篇》总题分咏，自然和后来的赋不同，但是安排客主，问答成篇，却开了后来赋家的风气。荀赋和屈辞原来似乎各是各的；这两体的合一，也许是在贾谊手里。贾谊是荀卿的再传弟子，他的境遇却近于屈原，又久居屈原的故乡；很可能的，他模拟屈原的体制，却袭用了荀卿的"赋"的名字。**这种赋日渐发展，屈原诸作也便被称为"赋"；"辞"的名字许是后来因为拟作多了，才分化出来，作为此体的专称的。** 辞本是"辩解的言语"的意思，用来称屈、宋诸家所作，倒也并无不合之处。

☆批注

"辞""赋"的来龙去脉。

《汉书·艺文志·诗赋略》分赋为四类。 "杂赋"十二家是总集，可以不论。屈原以下二十家，是言情之作。陆贾以下二十一家，已佚，大概近于纵横家言。就

☆批注

"赋"分四类：杂赋、言情之作、纵横家言和叙物明理之作。

中"陆贾赋三篇"，在贾谊之先；但作品既不可见，是他自题为赋，还是后人追题，不能知道，只好存疑了。荀卿以下二十五家，大概是叙物明理之作。这三类里，贾谊以后各家，多少免不了屈原的影响，但已渐有散文化的趋势；第一类中的司马相如便是创始的人。——托为屈原作的《卜居》《渔父》，通篇散文化，只有几处用韵，似乎是《庄子》和荀赋的混合体制，又当别论。——散文化更容易铺张些。"赋"本是"铺"的意思，铺张倒是本来面目。可是铺张的作用原在讽谏；这时候却为铺张而铺张。所谓"劝百而讽一"。当时汉武帝好辞赋，作者极众，争相竞

|107|

胜，所以致此。扬雄说，"诗人之赋丽以则，辞人之赋丽以淫"；"诗人之赋"便是前者，"辞人之赋"便是后者。甚至有诙谐嫚戏，毫无主旨的。难怪辞赋家会被人鄙视为倡优了。

东汉以来，班固作《两都赋》，"概众人之所眩曜，折以今之法度"，张衡仿他作《二京赋》。晋左思又仿作《三都赋》。这种赋铺叙历史地理，近于后世的类书；是陆贾、荀卿两派的混合，是散文的更进一步。这和屈、贾言情之作却迥不相同了。此后赋体渐渐缩短，字句却整炼起来。那时期一般诗文都趋向排偶化，赋先是领着走，后来是跟着走；作赋专重写景述情，务求精巧，不再用来讽谏。这种赋发展到齐、梁、唐初为极盛，**称为"俳体"的赋**。"俳"是"游戏"的意思，对讽谏而言；其实这种作品倒也并非滑稽嫚戏之作。唐代古文

> ☆ **批注**
> "俳体"赋重写景述情，务求精巧。

运动起来，宋代加以发挥光大，诗文不再重排偶而趋向散文化，赋体也变了。像欧阳修的《秋声赋》，苏轼的前后《赤壁赋》，虽然有韵而全篇散行，排偶极少，比《卜居》《渔父》更其散文的。**这称为"文体"的赋**。唐宋两代，以诗赋取士，规定程式。那种赋定为八韵，调平仄，讲对仗；制题新巧，限韵险难。这只是一种技艺罢了。**这称为"律赋"**。对"律赋"而言；"俳体"和"文体"的赋都是"古赋"；这"古赋"的名字和"古文"的名字差不多，真正"古"的如屈宋的辞，汉人的赋，倒是不包括在内的。**赋似**

> ☆ **批注**
> "文体"赋趋向散文化，排偶极少。

> ☆ **批注**
> "律赋"成了一种技艺。

> ☆ **批注**
> "我国特有"凸显了赋的价值，自豪与自得之情溢于言表。

乎是我国特有的体制；虽然有韵，而就它全部的发展看，却与文近些，不算是诗。

参考资料：

• 游国恩《读骚》《论微初集》

名师点评

读完本文，我们对《楚辞》和赋文有了较为完整的认识。辞也好，赋也罢，辞、赋放在一起，二者有着密切联系。

屈原的《离骚》和《九章》，是楚辞的代表作，有着鲜明的楚地风格，"兮"字足句、句逗参差是其语言上的特点。后来又出现了很多的仿写之作，足见其影响之大。其实，"辞"的说法是因拟作多而分化出来的一个专有名词。

最早称"赋"的是荀子的《赋篇》，后来因汉武帝好辞赋，作者极众，争相竞胜，出现了"诗人之赋丽以则，辞人之赋丽以淫"的状况，赋文的作用发生了变化。随着时代发展，又出现了俳体赋、文体赋和律赋。整体上说，赋似乎是我国特有的体制，虽用韵但不是诗，接近文。

阅读思考

1.结合本文和下面的材料，说说楚辞的特点。

楚辞又称"楚词"，是战国时代的伟大诗人屈原创造的一种诗体。它采用楚国方言，运用楚地声调，记载楚国的地理，描写楚国的风物，

|109|

《经典常谈》阅读指导

因而富有楚地的地方特色。宋人曾评它"书楚语,作楚声,纪楚地,名楚物"。它构思奇特,想象丰富,善于运用比喻、夸张等手法和神话故事表现思想感情,具有浓郁的浪漫主义色彩,句子参差不齐,形式活泼自由,多用"兮"字。语句凝练流利,灵活多变,有停顿,有延伸,委婉而多情致。

2.文中引用了扬雄的论述:"诗人之赋丽以则,辞人之赋丽以淫。"请简要谈谈你对这句话的理解。

3.阅读《屈原列传》中的文字,用原文回答"离骚"的含义和屈原写作《离骚》的原因。

屈平疾王听之不聪也,谗谄之蔽明也,邪曲之害公也,方正之不容也,故忧愁幽思而作《离骚》。"离骚者",犹离忧也。夫天者,人之始也;父母者,人之本也。人穷则反本,故劳苦倦极,未尝不呼天也;疾痛惨怛^①,未尝不呼父母也。屈平正道直行,竭忠尽智以事其君,谗人间之,可谓穷矣。信而见疑忠而被谤能无怨乎? 屈平之作《离骚》,盖自怨生也。

【注释】①怛(dá):内心悲痛。

诗第十二

 导读提示

中国是诗歌的国度,诗的顶峰在唐朝。朱自清在文中按照时间顺序,娓娓道来,由汉乐府说起,说到五言诗的源头,说到抒情五言诗;再说到晋代写田园的陶渊明、写山水的谢灵运;又说到放荡不羁的李白和继往开来的杜甫;最后说到两宋时的苏轼、黄庭坚、"南宋三大诗家"等。全文内容繁复,犹如一幅诗歌知识的长轴画卷,美不胜收。

汉武帝立乐府,采集代、赵、秦、楚的歌谣和乐谱;教李延年做协律都尉,负责整理那些歌辞和谱子,以备传习唱奏。 当时乐府里养着各地的乐工好几百人,大约便是演奏这些乐歌的。歌谣采来以后,他们先审查一下。没有谱子的,便给制谱;有谱子的,也得看看合适不合适,不合适的地方,便给改动一些。这就是"协律"的工作。歌谣的"本辞"合乐时,有

> ☆ **批注**
> 汉武帝时出现了"乐府"这样专门的诗歌采集机构。

名著导读

的保存原来的样子,有的删节,有的加进些复沓的甚至不相干的章句。"协律"以乐为主,只要合调;歌辞通不通,他们是不大在乎的。他们有时还在歌辞里夹进些泛声;"辞"写大字,"声"写小字。但流传久了,声辞混杂起来,后世便不容易看懂了。这种种乐歌,后来称为"乐府诗",简称就叫"乐府"。**北宋太原郭茂倩收集汉乐府以下历代合乐的和不合乐的歌谣,以及模拟之作,成为一书,题作《乐府诗集》;他所谓"乐府诗",范围是很广的。** 就中汉乐府,沈约《宋书·乐志》特称为"古辞"。

> ☆ 批注
> 郭茂倩编写的《乐府诗集》在诗歌发展史上非常重要。

汉乐府的声调和当时称为"雅乐"的三百篇不同,所采取的是新调子。 这种新调子有两种:"楚声"和"新声"。

> ☆ 批注
> 汉乐府的两种调子:楚声和新声。

屈原的辞可为楚声的代表。汉高祖是楚人,喜欢楚声;楚声比雅乐好听。一般人不用说也是喜欢楚声的。楚声便成了风气。武帝时乐府所采的歌谣,楚以外虽然还有代、赵、秦各地的,但声调也许差不很多。那时却又输入了新声;新声出于西域和北狄的军歌。李延年多多采取这种调子唱奏歌谣,从此大行,楚声便让压下去了。楚声的句调比较雅乐参差得多,新声的更比楚声参差得多。可是楚声里也有整齐的五言,楚调曲里各篇更全然如此,像著名的《白头吟》《梁甫吟》《怨歌行》都是的。**这就是五言诗的源头。**

> ☆ 批注
> 五言诗的源头是楚声中整齐的五言。

汉乐府以叙事为主。 所叙的社会故事和风俗最多,历史及游仙的故事也占一部分。 此外便是男女相思和离别之作,格言式的教训,人生的慨

> ☆ 批注
> 介绍汉乐府的题材。

| 113

《经典常谈》阅读指导

叹等等。 **这些都是一般人所喜欢的题材。 用一般人所喜欢的调子，歌咏一般人所喜欢的题材，自然可以风靡一世。** 哀帝即位，却以为这些都是不正经的乐歌；他废了乐府，裁了多一半乐工——共四百四十一人——大概都是唱奏各地乐歌的。当时颇想恢复雅乐，但没人懂得，只好罢了。不过一般人还是爱好那些乐歌。这风气直到汉末不变。东汉时候，这些乐歌已经普遍化，文人仿作的渐多；就中也有仿作整齐的五言的，像班固《咏史》。但这种五言的拟作极少；而班固那一首也未成熟，钟嵘在《诗品序》里评为"质木无文"，是不错的。**直到汉末，一般文体都走向整炼一路，试验这五言体的便多起来；而最高的成就是《文选》所录的《古诗十九首》。**

> ☆ 批注
>
> 五言诗的最高成就是《古诗十九首》，值得反复品味。

旧传最早的五言诗，是《古诗十九首》和苏武、李陵诗；说"十九首"里有七首是枚乘作的，和苏李诗都出现于汉武帝时代。但据近来的研究，这十九首古诗实在都是汉末的作品；苏李诗虽题了苏李的名字，却不合于他们的事迹；从风格上看，大约也和"十九首"出现在差不多的时候。这十九首古诗并非一人之作，也非一时之作，但都模拟言情的乐府。歌咏的多是相思离别，以及人生无常当及时行乐的意思；也有对于邪臣当道、贤人放逐、朋友富贵相忘、知音难得等事的慨叹。这些都算是普遍的题材；但后一类是所谓"失志"之作，自然兼受了《楚辞》的影响。钟嵘评古诗，"可谓几乎一字千金"；因为所咏的几乎是人人心中所要说的，却不是人人口中笔下所能说的，而又能够那样平平说出，曲曲说出，所以是好。"十九首"只像对朋友说家常话，并不在字

114

面上用功夫，而自然达意，委婉尽情，合于所谓"温柔敦厚"的诗教。**到唐为止，这是五言诗的标准。**

> ☆ 批注
> "温柔敦厚"是到唐为止的五言诗的标准，要好好领会。

汉献帝建安年间（西元一九六至二一九），文学极盛，曹操和他的儿子曹丕、曹植两兄弟是文坛的主持人；而曹植更是个大诗家。这时乐府声调已多失传，他们却用乐府旧题，改作新词；曹丕、曹植兄弟尤其努力在五言体上。他们一班人也作独立的五言诗。叙游宴，述恩荣，开后来应酬一派。但只求明白诚恳，还是歌谣本色。就中曹植在曹丕做了皇帝之后，颇受猜忌，忧患的情感，时时流露在他的作品里。**诗中有了"我"，所以独成大家。** 这时候五言作者既多，开始有了工拙的评论；曹丕说刘桢"五言诗之善者，妙绝时人"，便是例子。 但真正奠定了五言诗的基础的是魏代的阮籍，他是第一个用全力作五言诗的人。

> ☆ 批注
> 曹植诗歌中有"我"，独成大家。

> ☆ 批注
> 在五言诗的成就上，刘桢是"五言诗之善者"，阮籍是"第一个用全力作五言诗的人"。

阮籍是老庄和屈原的信徒。他生在魏晋交替的时代，眼见司马氏三代专权，欺负曹家，压迫名士，**一肚皮牢骚只得发泄在酒和诗里。** 他作了《咏怀诗》八十多首，述神话，引史事，叙艳情，托于鸟兽草木之名，主旨不外说富贵不能常保，祸患随时可至，年岁有限，一般人钻在利禄的圈子里，不知放怀远大，真是可怜之极。他的诗充满了这种悲悯的情感，"忧思独伤心"一句可以表见。这里《楚辞》的影响很大；钟嵘说他"源出于《小雅》"，似乎是皮相之谈。本来五言诗自始就脱不了《楚辞》的影响，不过他尤其如此。他还没有用心琢句；

> ☆ 批注
> 口语化的语言，增添了语言的生动性和趣味性。

|115|

《经典常读》阅读指导

但语既浑括，譬喻又多，旨趣更往往难详。这许是当时的不得已，却因此增加了五言诗文人化的程度。**他是这样扩大了诗的范围，正式成立了抒情的五言诗。**

> **批注**
> 阮籍的贡献是成立了抒情的五言诗。

晋代诗渐渐排偶化、典故化。就中左思的《咏史诗》，郭璞的《游仙诗》，也取法《楚辞》，借古人及神仙抒写自己的怀抱，为后世所宗。郭璞是东晋初的人。跟着就流行了一派玄言诗。孙绰、许询是领袖。他们作诗，只是融化老庄的文句，抽象说理，所以钟嵘说像"道德论"。这种诗千篇一律，没有"我"；《兰亭集诗》各人所作四言五言各一首，都是一个味儿，正是好例。但在这种影响下，却孕育了陶渊明和谢灵运两个大诗人。陶渊明，浔阳柴桑人，做了几回小官，觉得做官不自由，终于回到田园，躬耕自活。他也是老、庄的信徒，从躬耕里领略到自然的恬美和人生的道理。他是第一个人将田园生活描写在诗里。他的躬耕免祸的哲学也许不是新的，可都是他从真实生活里体验得来的，与口头的玄理不同，所以亲切有味。诗也不妨说理，但须有理趣，他的诗能够做

> **批注**
> 晋诗呈现排偶化和典故化的特点。后面列举具体事例加以说明。

到这一步。他作诗也只求明白诚恳，不排不典；他的诗是散文化的。这违反了当时的趋势，所以《诗品》只将他放在中品里。**但他后来却成了千古"隐逸诗人之宗"。**

> **批注**
> 介绍陶渊明在诗歌上的贡献。他是第一个将田园生活描写在诗里的人，成了千古"隐逸诗人之宗"。

谢灵运，宋时做到临川太守。他是有政治野心的，可是不得志。他不但是老、庄的信徒，也是佛的信徒。他最爱游山玩水，常常领了一群人到处探奇访胜；他的自然的哲学和出世的哲学教他沉溺在山水的

116

清幽里。**他是第一个在诗里用全力刻画山水的人；他也可以说是第一个用全力雕琢字句的人。** 他用排偶，用典故，却能创造新鲜的句子；不过描写有时不免太繁重罢了。他在赏玩山水的时候，也常悟到一些隐遁的超旷的人生哲理；但写到诗里，不能和那精巧的描写打成一片，像硬装进去似的。这便不如陶渊明的理趣足，但比那些"道德论"自然高妙得多。**陶诗教给人怎样赏味田园，谢诗教给人怎样赏味山水；他们都是发现自然的诗人。 陶是写意，谢是工笔。** 谢诗从制题到造句，无一不是工笔。他开了后世诗人着意描写的路子；他所以成为大家，一半也在这里。

> ☆ 批注
>
> 两个"第一个"，可以看出谢灵运在山水诗上的贡献。

> ☆ 批注
>
> 陶、谢二人都是发现自然的诗人，二者的诗歌一为田园，一为山水；一为写意，一为工笔。

齐武帝永明年间（西元四八三至四九三），**"声律说"** 大盛。四声的分别、平仄的性质、双声叠韵的作用，都有人指出，让诗文作家注意。从前只着重句末的韵，这时更着重句中的"和"；"和"就是念起来顺口，听起来顺耳。从此诗文都力求谐调，远于语言的自然。这时的诗，一面讲究用典，一面讲究声律，不免有侧重技巧的毛病。**到了梁简文帝，又加新变，专咏艳情，称为"宫体"，诗的境界更狭窄了。** 这种形式与题材的新变，一直影响到唐初的诗。这时候七言的乐歌渐渐发展。汉魏文士仿作乐府，已经有七言的，但只零星偶见，后来舞曲里常有七言之作。到了宋代，鲍照有《行路难》十八首，人生的感慨颇多，和舞曲描写声容的不一样，影响唐

> ☆ 批注
>
> 结合下文，对"声律说"的内容加以理解、归纳。

> ☆ 批注
>
> "宫体诗"出现。

|117|

《经典常读》阅读指导

代的李白、杜甫很大。但是梁以来七言的发展，却还跟着舞曲的路子，不跟着鲍照的路子。这些都是宫体的谐调。

唐代谐调发展，成立了律诗绝句，称为近体；不是谐调的诗，称为古体；又成立了古近体的七言诗。 古体的五言诗也变了格调。这些都是划时代的。初唐时候，大体上还继续着南朝的风气，辗转在艳情的圈子里。但是就在这时候，**沈佺期、宋之问奠定了律诗的体制。** 南朝论声律，只就一联两句说；沈宋却能看出谐调有四种句式。两联四句才是谐调的单位，可以称为周期。这单位后来写成"仄仄平平仄 平平仄仄平 平平平仄仄 仄仄仄平平"的谱。沈宋在一首诗里用两个周期，就是重叠一次；这样，声调便谐和富厚，又不致单调。这就是八句的律诗。律有"声律""法律"两义。**律诗体制短小，组织必须经济，才能发挥它的效力；"法律"便是这个意思。**但沈宋的成就只在声律上，"法律"上的进展，还等待后来的作家。

> ☆ 批注
> 近体诗和古体诗的区别。

> ☆ 批注
> 沈、宋在律诗体制上的贡献。

> ☆ 批注
> 律诗"法律"的含义。

宫体诗渐渐有人觉得腻味了；陈子昂、李白等说这种诗颓靡浅薄，没有价值。他们不但否定了当时古体诗的题材，也否定了那些诗的形式。他们的五言古体，模拟阮籍的《咏怀》，但是失败了。一般作家却只大量地仿作七言的乐府歌行，带着多少的排偶与谐调。——当时往往就这种歌行里截取谐调的四句入乐奏唱。——可是李白更撇开了排偶和谐调，作他的七言乐府。李白，蜀人，明皇时作供奉翰林；触犯了杨贵妃，不能得志。他是个放浪不羁的人，便辞了职，游山水，喝酒，作诗。他的乐府很多，取材很广；他是借着乐府旧题来抒写自己生活

名著导读

的。他的生活态度是出世的；他作诗也全任自然。人家称他为"天上谪仙人"；这说明了他的人和他的诗。**他的歌行增进了七言诗的价值；但他的绝句更代表着新制。** 绝句是五言或七言的四句，大多数是谐调。南北朝民歌中，五言四句的谐调最多，影响了唐人；南朝乐府里也有七言四句的，但不太多。李白和别的诗家纷纷制作，大约因为当时输入的西域乐调宜于这体制，作来可供宫廷及贵人家奏唱。绝句最短小，贵含蓄，忌说尽。李白所作，自然而不觉费力，并且暗示着超远的境界；他给这新体诗立下了一个标准。

> ☆ 批注
> 李白的歌行和绝句在诗歌史上的贡献。

但是真正继往开来的诗人是杜甫。 他是河南巩县人。安禄山陷长安，肃宗在灵武即位，他从长安逃到灵武，做了"左拾遗"的官，因为谏救房琯，被放了出去。那时很乱，又是荒年，他辗转流落到成都，依靠故人严武，做到"检校工部员外郎"，所以后来称为杜工部。他在蜀中住了很久。严武死后，他避难到湖南，就死在那里。他是儒家的信徒；"致君尧舜上，再使风俗淳"是他的素志。又身经乱离，亲见了民间疾苦。他的诗努力描写当时的情形，发抒自己的感想。**唐代以诗取士，诗原是应试的玩意儿；诗又是供给乐工歌妓唱了去伺候宫廷及贵人的玩意儿。** 李白用来抒写自己的生活，杜甫用来抒写那个大时代，诗的领域扩大了，价值也增高了。 而杜甫写"**民间的实在痛苦，社会的实在问题，国家的实在状况，人生的实在希望与恐惧**"，更给诗开辟了新世界。

> ☆ 批注
> 杜甫在诗歌史上的地位是"继往开来"。

> ☆ 批注
> "玩意儿"的说法诙谐有趣。

> ☆ 批注
> 杜甫是现实主义的代表，用诗来抒写那个大时代。

| 119 |

《经典常谈》阅读指导

　　他不大仿作乐府，可是他描写社会生活正是乐府的精神；他的写实的态度也是从乐府来的。他常在诗里发议论，并且引证经史百家；但这些议论和典故都是通过了他的满腔热情奔进出来的，所以还是诗。他这样将诗历史化和散文化；他这样给诗创造了新语言。古体的七言诗到他手里正式成立；古体的五言诗到他手里变了格调。**从此"温柔敦厚"之外，又开了"沉着痛快"一派。** 五言

☆ 批注

　"沉着痛快"是杜诗的突出特点。

律诗，王维、孟浩然已经不用来写艳情而用来写山水；杜甫却更用来表现广大的实在的人生。他的七言律诗，也是如此。他作律诗很用心在组织上。他的五言律诗最多，差不多穷尽了这体制的变化。他的绝句直述胸怀，嫌没有余味；但那些描写片段的生活印象的，却也不缺少暗示的力量。他也能欣赏自然，晚年所作，颇有清新的刻画的句子。他又是个有谐趣的人，他的诗往往透着滑稽的风味。但这种滑稽的风味和他的严肃的态度调和得那样恰到好处，一点也不至于减损他和他的诗的身份。

　　杜甫的影响直贯到两宋时代，没有一个诗人不直接间接学他的，没有一个诗人不发扬光大他的。**古文家韩愈，跟着他将诗进一步散文化；而又造奇喻，押险韵，铺张描写，像汉赋似**

☆ 批注

　韩愈将诗进一步"散文化"。

的。 他的诗逞才使气，不怕说尽，是"沉着痛快"的诗。 后来有元稹、白居易二人在政治上都升沉了一番；他们却继承杜甫写实的表现人生的态度。他们开始将这种态度理论化；主张诗要"上以补察时政，下以泄导人情"，"嘲风雪，弄花草"是没有意义的。他们反对雕琢字句，主张诚实自然。他们将自己的诗分为"讽谕"的和"非讽谕"的两

| 120 |

类。他们的诗却容易懂，又能道出人人心中的话，所以雅俗共赏，一时风行。**当时最流传的是他们新创的谐调的七言叙事诗，所谓"长庆体"的，还有社会问题诗。**

> ☆ 批注
> "长庆体"诗歌。

晚唐诗向来推李商隐、杜牧为大家。李一生辗转在党争的影响中。他和温庭筠并称；他们的诗又走回艳情一路。他们集中力量在律诗上，用典精巧，对偶整切。但李学杜韩，器局较大；他的艳情诗有些实在是政治的譬喻，实在是感时伤事之作，所以地位在温之上。杜牧做了些小官儿，放荡不羁，而很负盛名，人家称为"小杜"——"老杜"是杜甫。他的诗词采华艳，却富有纵横气，又和温李不同，然而都可以归为绮丽一派。这时候别的诗家也集中力量在律诗上。一些人专学张籍、贾岛的五言律，这两家都重苦吟，总捉摸着将平常的题材写得出奇，所以思深语精，别出蹊径。但是这种诗写景有时不免琐屑，写情有时不免偏僻，便觉不大方。这是僻涩一派。另一派出于元白，作诗如说话，嬉笑怒骂，兼而有之，又时时杂用俗语。这是粗豪一派。**这些其实都是杜甫的鳞爪，也都是宋诗的先驱；绮丽一派只影响宋初的诗，僻涩、粗豪两派却影响了宋一代的诗。**

> ☆ 批注
> 理解绮丽派、僻涩派、粗豪派的诗歌主张。

宋初的诗专学李商隐；末流只知道典故对偶，真成了诗玩意儿。王禹偁独学杜甫，开了新风气。欧阳修、梅尧臣接着发现了韩愈，起始了宋诗的散文化。欧阳修曾遭贬谪；他是古文家。梅尧臣一生不得志。欧诗虽学韩，却平易疏畅，没有奇险的地方。梅诗幽深淡远，欧评他"譬如妖韶女，老自有余态"，"初如食橄榄，其味久愈在"。**宋诗散文化，到苏轼**

> ☆ 批注
> 苏轼将诗歌散文化的特点体现到极致。

《经典常谈》阅读指导

而极。他是眉州眉山（今四川眉山）人，因为攻击王安石的新法，一辈子升沉在党争中。他将禅理大量的放进诗里，开了一个新境界。他的诗气象洪阔，铺叙宛转，又长于譬喻，真到用笔如舌的地步，但不免"掉书袋"的毛病。他门下出了一个黄庭坚，是第一个有意的讲究诗的技巧的人。他是洪州分宁（今江西修水）人，也因党争的影响，屡遭贬谪，终于死在贬所。**他作诗着重锻炼，着重句律；句律就是篇章字句的组织与变化。他开了江西诗派。**

> ☆ 批注
> 黄庭坚与江西诗派。

刘克庄《江西诗派小序》说他"荟萃百家句律之长，究极历代体制之变，搜猎奇书，穿穴异闻，作为古律，自成一家；虽只字半句不轻出"。他不但讲究句律，并且讲究运用经史以至奇书异闻，来增富他的诗。这些都是杜甫传统的发扬光大。王安石已经提倡杜诗，但到黄庭坚，这风气才昌盛。黄还是继续将诗散文化，但组织得更经济些；他还是在创造那阔大的气象，但要使它更富厚些。**他所求的是新变**。他研究历代诗的利病，将作诗的规矩得失，指示给后学，教

> ☆ 批注
> 黄庭坚在诗歌上的"新变"追求。

他们知道路子，自己去创造，发展到变化不测的地步。所以能够独开一派。他不但创新，还主张点化陈腐以为新；创新需要大才，点化陈腐，中才都可勉力作去。他不但能够"以故为新"，并且能够"以俗为雅"。其实宋诗都可以说是如此，不过他开始有意的运用这两个原则罢了。他的成就尤其在七言律上；组织固然更精密，音调也谐中有拗，使每个字都斩绝地站在纸面上，不至于随口滑过去。

南宋的三大诗家都是从江西派变化出来的。杨万里为人有气节；他的诗常常

> ☆ 批注
> 介绍南宋三大诗家杨万里、范成大和陆游。

122

变格调。写景最工;新鲜活泼的譬喻,层见叠出,而且不碎不僻,能从大处下手。写人的情意,也能铺叙纤悉,曲尽其妙;所谓"笔端有口,句中有眼"。他作诗只是自然流出,可是一句一转,一转一意;所以只觉得熟,不觉得滑。不过就全诗而论,范围究竟狭窄些。范成大是个达官。他是个自然诗人,清新中兼有拗峭。陆游是个爱君爱国的诗人。吴之振《宋诗钞》说他学杜而能得杜的心。他的诗有两种:一种是感激豪宕,沉郁深婉之作;一种是流连光景,清新刻露之作。他作诗也重真率,轻"藻绘",所谓"文章本天成,妙手偶得之"。他活到八十五岁,诗有万首;最熟于诗律,七言律尤为擅长。——宋人的七言律实在比唐人进步。

向来论诗的对于唐以前的五言古诗,大概推尊,以为是诗的正宗;唐以后的五言古诗,却说是变格,价值差些,可还是诗。诗以"吟咏情性",该是"温柔敦厚"的。按这个界说,齐、梁、陈、隋的五言古诗其实也不够格,因为题材太小,声调太软,算不得"敦厚"。七言歌行及近体成立于唐代,却只能以唐代为正宗。宋诗议论多,又一味刻画,多用俗语,拗折声调。他们说这只是押韵的文,不是诗。但是推尊宋诗的却以为天下事物穷则变,变则通,诗也是如此。变是创新,是增扩,也就是进步。若不容许变,那就只有模拟,甚至只有抄袭;那种"优孟衣冠",甚至土偶木人,又有什么意义可言!即如模拟所谓盛唐诗的,末流往往只剩了空廓的架格和浮滑的声调;要是再不变,诗道岂不真穷了?所以诗的界说应该随时扩展;"吟咏情性""温柔敦厚"诸语,也当因历代的诗辞而调整原语的意义。诗毕竟是诗,无论如何的扩展与调整,总不会与文混合为一的。**诗体正变说起于宋代,唐、宋分界说起于明代;其**

> ☆批注
>
> 不同时期的诗论。

实历代诗各有胜场也各有短处，只要知道新、变，便是进步，这些争论是都不成问题的。

全文用了大量篇幅来介绍诗歌的发展历程，最后是论诗。我们知道了很多平日学习诗歌不常见的说法，比如"声律"和"法律"，比如绮丽派、僻涩派、粗豪派，比如杜诗的深远影响，等等。如何看待诗歌的发展变化呢？"历代诗各有胜场也各有短处，只要知道新、变，便是进步"，这种看法是十分客观的。

阅读思考

1. 你知道诗歌史上的"李杜""小李杜""王孟""温李""苏黄"等指的是谁吗？

名著导读

2.请根据以下表格,判断下面这首诗是"古体诗"还是"近体诗",并说明理由。

古体诗与近体诗区别一览表		
	古体诗	近体诗
出现时间	春秋之前	唐朝
每句字数	有四言、五言、六言、七言和杂言体	只有五言、七言两种形式
用韵要求	全首诗可以用一个韵,也可换韵。诗中每一句都可用韵,也可不用。	一首诗限用一个韵,除第一句可不用韵之外,其余句子都是双数句用韵。

子衿

（《诗经·郑风》）

青青子衿,悠悠我心。纵我不往,子宁不嗣音?

青青子佩,悠悠我思。纵我不往,子宁不来?

挑兮达兮,在城阙兮。一日不见,如三月兮。

《子衿》是_____。理由:_____

_____

_____

| 125

文第十三

 导读提示

　　提起"文"，应该是我们最感亲切的。其实，文的历史源远流长，现存中国最早的文是商代的卜辞，也就是官文。战国时辩士们的说辞，当属议论文。伴随着议论文的发展，记事文也有了长足的进步。汉武帝时，辞赋盛行。真正开文体宗派的是唐代韩愈。后经欧阳修与苏轼，古文成了正宗。唐代有"传奇"，宋代有"话本"，明代开始用"八股文"取士一直到清末。到了清末，梁启超的"新文体"可算登峰造极，随着新文化运动风起云涌，胡适等人提倡的白话文搭上了中国现代化的马车。

　　现存的中国最早的文，是商代的卜辞。这只算是些句子，很少有一章一节的。后来《周易》卦爻辞和《鲁春秋》也是如此，不过经卜官和史官按着卦爻与年月的顺序编纂起来，比卜辞显得整齐些罢了。便是这样，王安石还说《鲁春秋》是"断烂朝报"。所谓"断"，正是不成片段、不成章节的意思。卜辞的简略大概是工具的缘故；在脆而狭的甲骨上用刀笔刻字，自然不得不如此。卦爻辞和《鲁春秋》似乎没有能够跳出卜辞的氛围去；虽然写在竹木简上，自由比较多，却依然只跟着卜辞走。《尚书》就不同了。"虞夏书"大概是后人追记，而且大部分是战国末年的追记，可以不论；但那几篇"商书"，即使有些是追记，也总在商周之间。那不但有章节，并且成了篇，足以代表当时史的发展，就是叙述文的发展。而议论文也在这里面见了源头。**卜辞是"辞"，《尚书》里大部分也是"辞"。这些都是官文书。**

记言记事的辞之外，还有讼辞。 打官司的时候，原被告的口供都叫作"辞"；辞原是"讼"的意思，是辩解的言语。这种辞关系两造的利害很大，两造都得用心陈说；审判官也得用心听，他得公平地听两面儿的。这种辞也兼有叙述和议论；两造自己办不了，可以请教讼师。这至少是周代的情形。春秋时候，列国交际频繁，外交的言语关系国体和国家的利害更大，不用说更需慎重了。**这也称为"辞"，又称为"命"，又合称为"辞命"或"辞令"。** 郑子产便是个善于辞命的人。郑是个小国，他办外交，却能教大国折服，便靠他的辞命。他的辞引古为证，宛转而有理，他的态度却坚强不屈。孔子赞美他的辞，更赞美他的"慎辞"。**孔子说当时郑国的辞命，子产先教裨谌创意起草，交给世叔审查，再教行人子羽修改，末了儿他再加润色。** 他的确是很慎重的。辞命得

> ☆ 批注
> 介绍"文"的发展。卜辞是我国现存最早的文。

> ☆ 批注
> 讼辞是打官司的辩解的言语。

> ☆ 批注
> 我们比较熟悉"辞令"的说法。

> ☆ 批注
> 不厌其烦地交代辞命的产生过程，突出了辞命之"慎"。

《经典常谈》阅读指导

"顺",就是宛转而有理;还得"文",就是引古为证。

孔子很注意辞命,他觉得这不是件易事,所以自己谦虚的说是办不了。但教学生却有这一科;他称赞宰我子贡,擅长言语,"言语"就是"辞命"。那时候言文似乎是合一的。辞多指说出的言语,命多指写出的言语;但也可以兼指。各国派使臣,有时只口头指示策略,有时预备下稿子让他带着走。这都是命。使臣受了命,到时候总还得随机应变,自己想说话;因为许多情形是没法预料的。——**当时言语,方言之外有"雅言"。"雅言"就是"夏言",是当时的京话或官话。** 孔子讲学似乎就用雅言,不用鲁语。卜、《尚书》和辞命,大概都是历代的雅言。讼辞也许不同些。雅言用得既多,所以每字都能写出,而写出的和说出的雅言,大体上是一致的。孔子说"辞"只要"达"就成。辞是辞命,"达"是明白,辞多了像背书,少了说不明白,多少要恰如其分。辞命的重要,代表议论文的发展。

> ☆ 批注
> "雅言"在前面的文章中多次提到过,是当时的京话或官话。

战国时代,游说之风大盛。游士立谈可以取卿相,所以最重说辞。他们的说辞却不像春秋的辞命那样从容宛转了。**他们铺张局势,滔滔不绝,真像背书似的;他们的话,像天花乱坠,有时夸饰,有时诡曲,不问是非,只图激动人主的心。** 那时最重辩。墨子是第一个注意辩论方法的人,他主张"言必有三表"。"三表"是"上本之于古者圣王之事","下原察百姓耳目之实","废(发)以为刑政,观其中国家百姓人民之利";便是三个标准。不过他究竟是个注重功利的人,不大喜欢文饰,"恐人怀其文,忘其'用'",所以楚王说他"言多不辩"。——后来有了专以辩论为事的"辩者",墨家这才更发展了

> ☆ 批注
> 战国游士说辞的特点。

128

他们的辩论方法,所谓《墨经》便成于那班墨家的手里。——儒家的孟、荀也重辩。孟子说,"予岂好辩哉?予不得已也!"荀子也说,"君子必辩。"这些都是游士的影响。**但道家的老、庄,法家的韩非,却不重辩。**《老子》里说,"信言不美,美言不信","老学"

> ☆ 批注
> 墨家和儒家重辩,道家和法家不重辩。

所重的是自然。《庄子》里说,"大辩不言","庄学"所要的是神秘。韩非也注重功利,主张以法禁辩,说辩"生于上之不明"。后来儒家作《易·文言传》,也道:"君子进德修业。忠信,所以进德也;修辞立其诚,所以居业也。"这不但是在暗暗的批评着游士好辩的风气,恐怕还在暗暗的批评着后来称为名家的"辩者"呢。《文言传》旧传是孔子所作,不足信;但这几句话和"辞达"论倒是合拍的。

孔子开了私人讲学的风气,从此也便有了私家的著作。 第一种私家著作是《论语》,却不是孔子自作而是他的弟子们记的他的说话。诸子书大概多是弟子们

> ☆ 批注
> 私家著作出现。《论语》《墨子》《孟子》《老子》等都是私家著作,但各有其特点。

及后学者所记,自作的极少。《论语》以记言为主,所记的多是很简单的。孔子主张"慎言",痛恨"巧言"和"利口";他向弟子们说话,大概是很质直的,弟子们体念他的意思,也只简单的记出。到了墨子和孟子,可就铺排得多。《墨子》大约也是弟子们所记。《孟子》据说是孟子晚年和他的弟子公孙丑、万章等编定的,可也是弟子们记言的体制。那时是个"好辩"的时代。墨子虽不好辩,却也脱不了时代影响。孟子本是个好辩的人。记言体制的恢张,也是自然的趋势。这种记言是直接的对话。由对话而发展为独白,便是"论"。初期的论,言意浑括,《老子》可为代表;后来的《墨经》,《韩非子·储说》的经,《管子》的《经言》,

|129|

《经典常谈》阅读指导

都是这体制。再进一步，便是恢张的论，《庄子·齐物论》等篇以及《荀子》《韩非子》《管子》的一部分，都是的。——群经诸子书里常常夹着一些韵句，大概是为了强调。后世的文也偶尔有这种例子。中国的有韵文和无韵文的界限，是并不怎样严格的。

还有一种"寓言"，借着神话或历史故事来抒论。《庄子》多用神话，《韩非子》多用历史故事；《庄子》有些神仙家言，《韩非子》是继承《庄子》的寓言而加以变化。战国游士的说辞也好用譬喻。譬喻成了风气；这开了后来辞赋的路。论是进步的体制，但还只以篇为单位，"书"的观念还没有。**直到《吕氏春秋》，才成了第一部有系统的书。** 这部

> ☆ 批注
> "书"的出现。

书成于吕不韦的门客之手，有十二纪、八览、六论，共三十多万字。十二代表十二月，八是卦数，六是秦代的圣数；这些数目是本书的间架，是外在的系统，并非逻辑的秩序，汉代刘安主编《淮南子》，才按照逻辑的秩序，结构就严密多了。自从有了私家著作，学术日渐平民化。著作越来越多，流传也越来越广。**"雅言"便成了凝定的文体了。** 后世大体采用，言文渐渐分离。战国末期，"雅言"之外原还有齐语、楚语两种有势力的方言。但是

> ☆ 批注
> "凝定"一词写出了"雅言"在著作中不可替代的地位。

齐语只在《春秋公羊传》里留下一些，楚语只在屈原"辞"里留下几个助词如"羌""些"等；这些都让"雅言"压倒了。

伴随着议论文的发展，记事文也有了长足的进步。**这里《春秋左氏传》是一座里程碑。** 在前有分国记言的《国语》，《左传》从它里面取材很多。那是铺排的

> ☆ 批注
> 《左传》是中国第一部编年史，具有"里程碑"的意义。

130

记言，一面以《尚书》为范本，一面让当时记言体恢张的趋势推动着，成了这部书。其中自然免不了记事的文字；《左传》便从这里出发，将那恢张的趋势表现在记事文里。那时游士的说辞也有人分国记载，也是铺排的记言，后来成为《战国策》那部书。《左传》是说明《春秋》的，是中国第一部编年史。它最长于战争的记载；它能够将千头万绪的战事叙得层次分明，它的描写更是栩栩如生。它的记言也异曲同工，不过不算独创罢了。它可还算不得一部有自己的系统的书；它的顺序是依着《春秋》的。《春秋》的编年并不是自觉的系统，而且"断如复断"，也不成一部"书"。

汉代司马迁的《史记》才是第一部有自己的系统的史书。 他创造了"纪传"的体制。他的书包括十二本纪、十表、八

> ☆ **批注**
> 《史记》是第一部有自己的系统的史书，创"纪传"体制。

书、三十世家、七十列传，共五十多万字。十二是十二月，是地支，十是天干，八是卦数，三十取《老子》"三十辐共一毂"的意思，表示那些"辅弼股肱之臣""忠信行道以奉主上"；七十表示人寿之大齐，因为列传是记载人物的。这也是用数目的哲学作系统，并非逻辑的秩序，和《吕氏春秋》一样。这部书"厥协《六经》异传，整齐百家杂语"，以剪裁与组织见长。但是它的文字最大的贡献，还在描写人物。左氏只是描写事，司马迁进一步描写人；写人更需要精细的观察和选择，比较的更难些。

班彪论《史记》"善叙事理，辨而不华，质而不野，文质相称"，这是说司马迁行文委曲自然。 他写人也是如此。 他

> ☆ **批注**
> 他人对《史记》的评价。

又往往即事寓情，低徊不尽；他的悲愤的襟怀，常流露在字里行间。**明代茅坤称他"出风入骚"，是不错的。**

《经典常谈》阅读指导

汉武帝时候，盛行辞赋；后世说"楚辞汉赋"，真的，汉代简直可以说是赋的时代。 所有的作家几乎都是赋的作家。赋既有这样压倒的势力，一切的文体，自然都受它的影响。赋的特色是铺张、排偶、用典故。西汉记事记言，都还用散行的文字，语意大抵简明；东汉就在散行里夹排偶，汉魏之际，排偶更甚。西汉的赋，虽用排偶，却还重自然，并不力求工整；东汉到魏，越来越工整，典故也越用越多。西汉普通文字，句子很短，最短有两个字的。东汉的句子，便长起来了，最短的是四个字；魏代更长，往往用上四下六或上六下四的两句以完一意。所谓"骈文"或"骈体"，便这样开始发展。**骈体出于辞赋，夹带着不少的抒情的成分；而句读整齐，对偶工丽，可以悦目，声调和谐，又可悦耳，也都助人情韵。** 因此能够投人所好，成功了不废的体制。

> ☆ 批注
> 介绍汉赋的特点和发展变化。

> ☆ 批注
> 骈体的特点。

梁昭明太子在《文选》里第一次提出"文"的标准，可以说是骈体发展的指路牌。他不选经子史，也不选"辞"。经太尊，不可选；史"褒贬是非，纪别异同"，不算"文"；子"以立意为宗，不以能文为本"；"辞"是子史的支流，也都不算"文"。**他所选的只是"事出于沉思，义归乎翰藻"之作。"事"是"事类"，就是典故；"翰藻"兼指典故和譬喻。** 典故用得好的，譬喻用得好的，他才选在他的书里。这种作品好像各种乐器，"并为入耳之娱"，好像各种绣衣，"俱为悦目之玩"。这是"文"，和经子史及"辞"的作用不同，性质自异。后来梁元帝又说："吟咏风谣，流连哀思者谓之

> ☆ 批注
> 昭明太子《文选》选文的标准：典故和比喻要用得好。

文。""文者,惟须绮縠纷披,宫徵靡曼,唇吻遒会,情灵摇荡。"这是说,**用典故、有对偶、谐声调的抒情作品才叫作"文"呢。** 这种"文"大体上专指诗赋和骈体而言;但应用的骈体如章奏

☆ 批注

　"文"的定义更为明确具体。

等,却不算在里头。汉代本已称诗赋为"文",而以"文辞"或"文章"称记言、记事之作。骈体原也是些记言、记事之作,这时候却被提出一部分来,与诗赋并列在"文"的尊称之下,真是"附庸蔚为大国"了。

这时有两种新文体发展。一是佛典的翻译,一是群经的义疏。佛典翻译从前不是太直,便是太华;太直的不好懂,太华的简直是魏晋人讲老庄之学的文字,不见新义。这些译笔都不能做到"达"的地步。东晋时候,后秦主姚兴聘龟兹僧鸠摩罗什为国师,主持译事。他兼通华语及西域语;所译诸书,一面曲从华语,一面不失本旨。他的译笔可也不完全华化,往往有"天然西域之语趣";他介绍的"西域之语趣"是华语所能容纳的,所以觉得"天然"。新文体这样成立在他的手里。但他的翻译虽能"达",却还不能尽"信",他对原文是不太忠实的。**到了唐代的玄奘,更求精确,才能"信""达"兼尽,集佛典翻译的大成。** 这种新文体一面

☆ 批注

　玄奘在佛典翻译上的贡献。

增扩了国语的词汇,也增扩了国语的句式。词汇的增扩,影响最大而易见,如现在口语里还用着的"因果""忏悔""刹那"等词,便都是佛典的译语。句式的增扩,直接的影响比较小些,但像文言里常用的"所以者何""何以故"等也都是佛典的译语。另一面,这种文体是"组织的,解剖的"。这直接影响了佛教徒的注疏和"科

| 133 |

《经典常谈》阅读指导

分"【科分：佛教徒注释经典，分析经文的章段。】之学，间接影响了一般解经和讲学的人。

演释古人的话的有"故""解""传""注"等。 用故事来说明或补充原文，叫作"故"。演释原来辞意，叫作"解"。但后来解释字句，也叫作"故"或

> ☆ 批注
>
> 本段中心句，提出解说的对象"故""解""传""注"。

"解"。"传"，转也，兼有"故""解"的各种意义。如《春秋左氏传》补充故事，兼阐明《春秋》辞意。《公羊传》《穀梁传》只阐明《春秋》辞意——用的是问答式的记言。《易传》推演卦爻辞的意旨，也是铺排的记言。《诗毛氏传》解释字句，并给每篇诗作小序，阐明辞意。"注"原只解释字句，但后来也有推演辞意、补充故事的。用故事来说明或补充原文，以及一般的解释辞意，大抵明白易晓。《春秋》三传和《诗毛氏传》阐明辞意，却是断章取义，甚至断句取义，所以支离破碎，无中生有。注字句的本不该有大出入，但因对于辞意的见解不同，去取字义，也有各别的标准。注辞意的出入更大。像王弼注《周易》，实在是发挥老庄的哲学；郭象注《庄子》，更是借了《庄子》发挥他自己的哲学。**南北朝人作群经"义疏"，一面便是王弼等人的影响，一面也是翻译文体的间接影响。 这称为"义疏"之学。**

> ☆ 批注
>
> 群经"义疏"是第二种新文体，形成了"义疏"之学。

汉晋人作群经的注，注文简括，时代久了，有些便不容易通晓。南北朝人给这些注作解释，也是补充材料，或推演辞意。"义疏"便是这个。无论补充或推演，都得先解剖文义；这种解剖必然的比注文解剖经文更精细一层。这种精细的却不算是破坏的解剖，似乎是佛典翻译

| 134 |

的影响。就中推演辞意的有些也只发挥老庄之学，虽然也是无中生有，却能自成片段，便比汉人的支离破碎进步。这是王弼等人的衣钵，**也**是魏晋以来哲学发展的表现。这是又一种新文体的分化。到了唐修《五经正义》，削去玄谈，力求切实，只以疏明注义为重。解剖字句的工夫，至此而极详。宋人所谓"注疏"的文体，便成立在这时代。后来清代的精详的考证文，就是从这里变化出来的。

> ☆ 批注
> 本段介绍"义疏"的发展变化。

不过佛典只是佛典，义疏只是义疏，当时没有人将这些当作"文"的。"文"只用来称"沉思翰藻"的作品。但"沉思翰藻"的"文"，渐渐有人嫌"浮""艳"了。"浮"是不直说，不简截说的意思。"艳"正是隋代李谔《上文帝书》中所指斥的："连篇累牍，不出月露之形；积案盈箱，唯是风云之状。"那时**北周的苏绰是首先提倡复古的人，李谔等纷纷响应。** 但是他们都没有找到路子，死板地模仿古人到底是行不通的。 唐初，陈子昂提倡改革文体，和者尚少。 到了中叶，才有一班人"宪章六艺，能探古人述作之旨"，而元结、独孤及、梁肃最著。 他们作文，主于教化，力避排偶，辞取朴拙。但教化的观念，广泛难以动众，而关于文体，他们不曾积极宣扬，因此未成宗派。开宗派的是韩愈。

> ☆ 批注
> 没人把佛典和义疏这两种新的文体当作"文"。

> ☆ 批注
> 北周、唐初以至唐中叶，文的发展变化。

韩愈，邓州南阳（今河南南阳）人。唐宪宗时，他做刑部侍郎，因谏迎佛骨被贬；后来官至吏部侍郎，所以称为韩吏部。他很称赞陈子昂、

《经典常谈》阅读指导

元结复古的功劳，又曾请教过梁肃、独孤及。他的脾气很坏，但提携后进，最是热肠。当时人不愿为师，以避标榜之名；他却不在乎，大收其弟子。他可不愿作章句师，他说师是"传道授业解惑"的。**他实在是以文辞为教的创始者。** 他所谓"传道"，便是

> ☆ 批注
> 提起韩愈，就会想到"传道授业解惑"的论说。

传尧、舜、禹、汤、文、武、周公、孔子、孟子的道；所谓"解惑"，便是排斥佛老。他是以继承孟子自命的；他排佛老，正和孔子的距杨墨一样。当时佛老的势力极大，他敢公然排斥，而且因此触犯了皇帝。这自然足以惊动一世。他并没有传了什么新的道，却指示了道统，给宋儒开了先路。他的重要的贡献，还在他所提倡的"古文"上。

他说他作文取法《尚书》《春秋》《左传》《周易》《诗经》以及《庄子》《楚辞》《史记》、扬雄、司马相如等。《文选》所不收的经子史，他都排进"文"里去。这是一个大改革、大解放。他这样建立起文统来。**但他并不死板的复古，而以变古为复古。** 他说，"惟古于辞必己出，降而不能乃剽贼"，又说，"惟陈言之务去，戛戛乎其难哉"；他是在创造新语。他力求以散行

> ☆ 批注
> 韩愈以变古为复古，力求句子散行、句逗参差，以自然音节入文。

的句子换去排偶的句子，句逗总弄得参参差差的。但他有他的标准，那就是"气"。他说，"气盛则言之短长与声之高下者皆宜"；"气"就是自然的语气，也就是自然的音节。他还不能跳出那定体"雅言"的圈子而采用当时的白话；但有意的将白话的自然音节引到文里去，他是第一个人。在这一点上，所谓"古文"也是不"古"的；不过他提出"语气流畅"（气盛）这个标准，却给后进指点了一条明路。他的弟子本就

136

不少，再加上私淑的，都往这条路上走，文体于是乎大变。**这实在是新体的"古文"，宋代又称为"散文"——算成立在他的手里。**

> ☆ 批注
> 韩愈的新体"古文"，宋称之为"散文"。

柳宗元与韩愈，宋代并称；他们是好朋友。柳作文取法《书》《诗》《礼》《春秋》《易》以及《穀梁》《孟》《荀》《庄》《老》《国语》《离骚》《史记》，也将经子史排在"文"里，和韩的文统大同小异。但他不敢为师，"摧陷廓清"的劳绩，比韩差得多。他的学问见解，却在韩之上，并不墨守儒言。**他的文深幽精洁，最工游记；他创造了描写景物的新语。** 韩愈的

> ☆ 批注
> 柳宗元"文"的特点。

门下有难易两派。爱易派主张新而不失自然，李翱是代表。爱难派主张新就不妨奇怪，皇甫湜是代表。当时爱难派的流传盛些。他们矫枉过正，语艰意奥，扭曲了自然的语气自然的音节，僻涩诡异，不易读诵。所以唐末宋初，骈体文又回光返照了一下。雕琢的骈体文和僻涩的古文先后盘踞着宋初的文坛。直到欧阳修出来，才又回到韩愈与李翱，走上平正通达的古文的路。

韩愈抗颜为人师而提倡古文，形势比较难；欧阳修居高位而提倡古文，形势比较容易。明代所称**唐宋八大家**，韩柳之外，六家都是宋人。欧阳修为首；以下是曾巩、王安石、苏洵和他的儿子苏轼、苏

> ☆ 批注
> "唐宋八大家"指的是唐宋时期在"古文"方面成就非凡的八个人。欧阳修是当时的文坛盟主，苏轼的文对后人影响巨大。

辙。曾巩、苏轼是欧阳修的门生；别的三个也都是他提拔的。他真是当时文坛的盟主。韩愈虽然开了宗派，却不曾有意的立宗派；欧苏是有意的立宗派。他们虽也提倡道，但只促进了并且扩大了古文的发展。

欧文主自然。他所作纡徐曲折,而能条达疏畅,无艰难劳苦之态;最以言情见长,评者说是从《史记》脱化而出。曾学问有根柢,他的文确实而谨严;王是政治家,所作以精悍胜人。三苏长于议论,得力于《战国策》《孟子》;而苏轼才气纵横,并得力于《庄子》。他说他的文"随物赋形","常行于所当行,常止于不可不止";又说他意到笔随,无不尽之处。这真是自然的极致了。他的文,学的人最多。南宋有"苏文熟,秀才足"的俗谚,可见影响之大。

欧、苏以后,古文成了正宗。辞赋虽还算在古文里头,可是从辞赋出来的骈体却只拿来作应用文了。骈体声调铿锵,便于宣读,又可铺张辞藻不着边际,便于酬酢,作应用文是很相宜的。所以流传到现在,还没有完全死去。但中间却经过了散文化。自从唐代中叶的陆贽开始。他的奏议切实恳挚,绝不浮夸,而且明白晓畅,用笔如舌。唐末骈体的应用文专称"四六",却更趋雕琢;宋初还是如此。转移风气的也是欧阳修。他多用虚字和长句,使骈体稍稍近于语气之自然。嗣后群起仿效,**散文化的骈文竟成了定体了。** 这也是古文运动的大收获。

> ☆ 批注
> 　骈文经过了由应用文到散文化的过程。

唐代又有两种新文体发展。 一是"语录",一是"传奇",都是佛家的影响。 语录起于禅宗。禅宗是革命的宗派,他们只说法而不著书。他们大胆的将师父们的话参用当时的口语记下来。后来称这种体制为语录。他们不但用这种体制纪录演讲,还用来通信和讨论。这是新的记言的体制;里面夹杂着"雅言"和译语。

> ☆ 批注
> 　中心句,唐代的两种新文体:"语录"、"传奇"。

宋儒讲学，也采用这种记言的体制，不过不大夹杂译语。**宋儒的影响究竟比禅宗大得多，语录体从此便成立了，盛行了。** 传奇是有结构的小说。从前只有杂录或琐记的小说，有结构的从传奇起头。传奇记述艳情，也记述神怪；但将神怪人情化。这里面描写的人生，并非全是设想，大抵还是以亲切的观察作底子。这开了后来佳人才子和鬼狐仙侠等小说的先路。它的来源一方面是俳谐的辞赋，一方面是翻译的佛典故事；佛典里长短的寓言所给予的暗示最多。当时文士作传奇，原来只是向科举的主考官介绍自己的一种门路。当时应举的人在考试之前，得请达官将自己姓名介绍给主考官；自己再将文章呈给主考官看。先呈正经文章，过些时再呈杂文如传奇等，传奇可以见史才、诗、笔、议论，人又爱看，是科举的很好媒介。**这样，作者便日渐其多了。**

　　到了宋代，又有"话本"。这是白话小说的**老祖宗**。话本是"说话"的底本；"说话"略同后来的"说书"，也是佛家的影响。唐代佛家向民众宣讲佛典故事，连说带唱，本子夹杂"雅言"和口语，叫作"变文"；"变文"后来也有说唱历史故事及社会故事的。"变文"便是"说话"的源头；"说话"里也还有演说佛典这一派。"说话"是平民的艺术；宋仁宗很爱听，以后便变为专业，大流行起来了。这里面有说历史故事的，有说神怪故事的，有说社会故事的。**"说话"渐渐发展，本来由一个或几个同类而不相关联的短故事，引出一个同类而不相关联的长故事的，后来却**

☆ **批注**

语录体再次盛行。

☆ **批注**

传奇广为接受，因为其是科举的媒介。

☆ **批注**

　"老祖宗"的说法，明明白白。这样的语言表达，在本书中不少。

☆ **批注**

　从"变文"到"说话"，由平民艺术到专业艺术，由单一到"章回"，介绍话本的演变。

《经典常谈》阅读指导

能将许多关联的故事组织起来，分为"章回"了。这是体制上一个大进步。

话本留存到现在的已经很少，但还足以见出后世的几部小说名著，如元罗贯中的《三国演义》，明施耐庵的《水浒传》，吴承恩的《西游记》，都是从话本演化出来的；不过这些已是文人的作品，而不是话本了。就中《三国演义》还夹杂着"雅言"，《水浒传》和《西游记》便都是白话了。这里除《西游记》以设想为主外，别的都可以说是写实的。这种写实的作风在清代曹雪芹的《红楼梦》里得着充分的发展。《三国演义》等书里的故事虽然是关联的，却不是连贯的。到了《红楼梦》，组织才更严密了；全书只是一个家庭的故事。虽然包罗万有，而能"一以贯之"。这不但是章回小说，而且是近代所谓"长篇小说"了。**白话小说到此大成。**

> ☆ 批注
> 《红楼梦》在白话小说中的突出地位。

明代用八股文取士，一般文人都镂心刻骨地去简练揣摩，所以极一代之盛。 "股"是排偶的意思；这种体制，中间有八排文字互为对偶，所以有此称。——自然也有变化，不过"八股"可以说是一般的标准。——又称为"'四书'文"，因为考试里最重要的文字、题目都出在"四书"里。又称为"制艺"，因为这是朝廷法定的体制。又称为"时文"，是对古文而言。八股文也是推演经典辞意的；它的来源，往远处说，可以说是南北朝义疏之学，往近处说，便是宋元两代的经义。但它的格律，却是从"四六"演化的。**宋代定经义为考试科目，是王安石的创制；当时限用他的群经"新义"，**

> ☆ 批注
> 以下两段文字介绍了"八股文"。

> ☆ 批注
> 八股文有规定的考试用书。

140

名著导读

用别说的不录；元代考试，限于"四书"，规定用朱子的章句和集注。明代制度，主要的部分也是如此。

经义的格式，宋末似乎已有规定的标准，元明两代大体上递相承袭。但明代有两种大变化：一是排偶，一是代古人语气。因为排偶，所以讲究声调。因为代古人语气，便要描写口吻；圣贤要像圣贤口吻，小人要像小人的。这是八股文的仅有的本领，大概是小说和戏曲的不自觉的影响。八股文格律定得那样严，所以得简练揣摩，一心用在技巧上。除了口吻、技巧和声调之外，八股文里是空洞无物的。而因为那样难，一

> ☆ 批注
> 只重形式而无内容。

般作者大都只能套套滥调，那真是"每下愈况"了。这原是君主牢笼士人的玩意儿，但它的影响极大；明清两代的古文大家几乎没有一个不是八股文出身的。

清代中叶，古文有桐城派，便是八股文的影响。诗文作家自己标榜宗派，在前只有江西诗派，在后只有桐城文派。桐城派的势力，绵延了二百多年，直到民国初期还残留着；这是江西

> ☆ 批注
> 桐城派能绵延二百多年，其势力非同小可。

派比不上的。桐城派的开山祖师是方苞，而姚鼐集其大成。他们都是安徽桐城人，当时有"天下文章在桐城"的话，所以称为桐城派。方苞是八股文大家。他提倡归有光的文章，归也是明代八股文兼古文大家。方是第一个提倡"义法"的人。他论古文以为"六经"和《论语》《孟子》是根

> ☆ 批注
> 围绕方苞的"义法"来阐述。

源，得其支流而义法最精的是《左传》《史记》；其次是《公羊传》《穀梁传》《国语》《国策》，两汉的书和疏，唐宋八家文——再下怕就要数到归有光了。这是他的，也是桐城派的，文统

| 141 |

论。"义"是用意，是层次；"法"是求雅、求洁的条目。雅是纯正不杂，如不可用语录中语、骈文中丽语、汉赋中板重字法、诗歌中俊语、"南北史"中佻巧语以及佛家语。后来姚鼐又加上注疏语和尺牍语。洁是简省字句。这些"法"其实都是从八股文的格律引申出来的。方苞论文，也讲"阐道"；他是信程、朱之学的，不过所入不深罢了。

方苞受八股文的束缚太甚，他学得的只是《史记》、欧、曾、归的一部分，只是严整而不雄浑，又缺乏情韵。姚鼐所取法的还是这几家，虽然也不雄浑，却能"迂回荡漾，余味曲包"，这是他的新境界。《史记》本多含情不尽之处，所谓远神的。欧文颇得此味，归更向这方面发展——最善述哀，姚简直用全力揣摩。他的老师刘大櫆指出作文当讲究音节，音节是神气的迹象，可以从字句下手。姚鼐得了这点启示，便从音节上用力，去求得那绵邈的情韵。他的文真是所谓"阴与柔之美"。他最主张诵读，又最讲究虚助字，都是为此。但这分明是八股文讲究声调的转变。刘是雍正副榜，姚是乾隆进士，都是用功八股文的。当时汉学家提倡考据，不免繁琐的毛病。

姚鼐因此主张义理、考据、词章三端相济，偏废的就是"陋"儒。但他的义理不深，考据多误，所有的还只是词章本领。

> ☆ **批注**
> 义理、考据和词章相济，对后来的曾国藩有很大影响。

他选了《古文辞类纂》；序里虽提到"道"，书却只成为古文的典范。书中也不选经子史；经也因为太尊，子史却因为太多。书中也选辞赋。这部选本是桐城派的经典，学文的必由于此，也只须由于此。方苞评归有光的文庶几"有序"，但"有物之言"太少。曾国藩评姚鼐也说一样的话，其实桐城派都是如此。攻击桐城派的人说他们空疏浮浅，说他们范围太窄，全不错；但他们组织的技巧，言情的技巧，也是不可抹杀的。

姚鼐以后，桐城派因为路太窄，渐有中衰之势。**这时候仪征阮元提倡骈文正统论。** 他以《文选序》和南北朝"文""笔"的分别为根据，又扯上传为孔子作的

> ☆ 批注
>
> 阮元提倡骈文正统论，他却对"文"存有曲解，自然不成宗派。

《易文言传》。他说用韵用偶的才是文，散行的只是笔，或是"直言"的"言"、"论难"的"语"。古文以立意、记事为宗，是子史正流，终究与文章有别。《文言传》多韵语、偶语，所以孔子才题为"文"言。阮元所谓韵，兼指句末的韵与句中的"和"而言。原来南北朝所谓"文""笔"，本有两义："有韵为文，无韵为笔"，是当时的常言。——韵只是句末韵。阮元根据此语，却将"和"也算是韵，这是曲解一。梁元帝说有对偶、谐声调的抒情作品是文，骈体的章奏与散体的著述都是笔。阮元却只以散体为笔，这是曲解二。至于《文言传》，固然称"文"，却也称"言"，况且也非孔子所作——这更是傅会了。他的主张虽然也有一些响应的人，但是不成宗派。

曾国藩出来，中兴了桐城派。 那时候一般士人，只知作八股文；另一面汉学宋学的门户之争，却越来越利害，各走偏锋。曾国藩为补偏救弊起见，便就姚鼐义

> ☆ 批注
>
> 曾国藩补偏救弊，广大姚鼐之说，让桐城派出现了中兴的景象。

理、考据、词章三端相济之说加以发扬光大。他反对当时一般考证文的芜杂琐碎，也反对当时崇道贬文的议论，以为要明先王之道，非精研文字不可；各家著述的见道多寡，也当以他们的文为衡量的标准。桐城文的病在弱在窄，他却能以深博的学问、弘通的见识、雄直的气势，使它起死回生。他才真回到韩愈，而且胜过韩愈。他选了《经史百家

143

《经典常读》阅读指导

杂钞》，将经史子也收入选本里，让学者知道古文的源流，文统的一贯，眼光便比姚鼐远大得多。他的幕僚和弟子极众，真是登高一呼，群山四应。这样延长了桐城派的寿命几十年。

但"古文不宜说理"，从韩愈就如此。曾国藩的力量究竟也没有能够补救这个缺陷于一千年之后。而海通以来，世变日亟，事理的繁复，有些绝非古文所能表现。因此聪明才智之士渐渐打破古文的格律，放手作去。**到了清末，梁启超先生的"新文体"可算登峰造极。** 他的文"时

> ☆ **批注**
> 提到梁启超，《少年中国说》如在耳畔。

杂以俚语、韵语及外国语法，纵笔所至不检束，学者竞效之"。而"条理明晰，笔锋常带情感，对于读者，别有一种魔力焉"。但这种"魔力"也不能持久；中国的变化实在太快，这种"新文体"又不够用了。胡适之先生和他的朋友们这才起来提倡白话文，经过"五四运动"，白话文是畅行了。这似乎又回到古代言文合一的路。然而不然，这时代是第二回翻译的大时代。白话文不但不全跟着国语的口语走，也不全跟着传统的白话走，却有意的跟着翻译的白话走。**这是白话文的现代化，也就是国语的现代化。** 中国一切都在现代化的过程中，语言的现代化也是自然的趋势，并不足怪的。

> ☆ **批注**
> 白话文的现代化，国语的现代化，是时代之潮流，是自然之趋势。

名师点评

卜辞、卦爻辞、讼辞、辞令，是文；记言文、记事文、议论文，是文；辞赋、骈文，是文；佛经的翻译、群经的义疏，是文；话本、传奇，是文；八股文、"新文体"、白话文，是文。群"文"渐欲迷人眼，阅读经典永不烦。

144

阅读思考

1. 汉代简直可以说是赋的时代。赋的特色有哪些？

2. 文中说柳宗元，"他的文深幽精洁，最工游记；他创造了描写景物的新语"。柳宗元的《永州八记》能体现他文章的特点，你知道这"永州八记"分别指的是哪些作品吗？

《经典常谈》阅读指导

3.阅读下面文字,回答问题。

话本留存到现在的已经很少,但还足以见出后世的几部小说名著,如元代罗贯中的《三国演义》,明代施耐庵的《水浒传》,吴承恩的《西游记》,都是从话本演化出来的;不过这些已是文人的作品,而不是话本了。就中《三国演义》还夹杂着"雅言",《水浒传》和《西游记》便都是白话了。这里除《西游记》以设想为主外,别的都可以说是写实的。这种写实的作风在清代曹雪芹的《红楼梦》里得着充分的发展。《三国演义》等书里的故事虽然是关联的,却不是联贯的。到了《红楼梦》,组织才更严密了:全书只是一个家庭的故事。虽然包罗万有,而能"一以贯之"。这不但是章回小说,而且是近代所谓"长篇小说"了。白话小说到此大成。

(1)"四大名著"中,《＿＿＿＿＿＿》还夹杂着"雅言",《＿＿＿＿＿＿》以设想为主。

(2)为什么说《红楼梦》是"近代所谓'长篇小说'"?

附录

朱自清年谱

1898年　一岁
十一月二十二日　生于江苏省东海县。
名自华，号实秋。原籍浙江绍兴。

1901年　四岁
父亲到高邮的邵伯镇做官，朱自清随去。

1902年　五岁
开始由父母启蒙读书。

1903年　六岁
全家搬到扬州。
上私塾，读经籍、古文、诗词。上初等小学。

1911年　十四岁
国文已做通。

1912年　十五岁
在安徽旅扬公学高等小学读书。
小学毕业，考入扬州两淮中学。

1916年　十九岁
江苏省立第八中学毕业。
暑假考入北京大学预科。
寒假中回扬州，遵父母之命与扬州名医武威三的女儿武钟谦结婚。

1917年　二十岁
二月三日　动身到北京上学。
暑假，改名"自清"，投考北京大学本科，进北大哲学系。
冬，与父亲办完祖母丧事后，一同北上。父子在浦口车站分别，散文《背影》记叙了这件事。

1918年　二十一岁
九月三十日　长子朱迈先生于扬州。

《经典常读》阅读指导

1919年　二十二岁

一月一日　北京大学学生编辑的《新潮》杂志创刊。朱自清曾经是该社的社员之一。

二月二十九日　写《睡吧，小小的人》诗一首，这是朱自清创作新诗的开始。

五四运动爆发，在新思潮的鼓舞和影响下，朱自清参加五四运动。

1920年　二十三岁

一月　作新诗《新年》《满月之光》《煤》。

五月　在三年内修完四年的课程，提前毕业。

五月十八日　长女朱采芷生于扬州。

暑后　携武钟谦到杭州第一师范教书。

十一月　文学研究会正式成立于北京。朱自清是该会早期会员之一。

1921年　二十四岁

就聘吴淞中国公学国文教员。结识叶圣陶。不久，中国公学起风潮，朱自清等转到上海。

中国公学风潮结束后，到杭州一师教书。叶圣陶一同前往。

1922年　二十五岁

一月十五日　参与创办的《诗》月刊创刊。在创刊号上，发表诗四首。

一月二十一日　写《民众文学的讨论》一文，发表于《时事新报》附刊《文学旬刊》。

寒假过后　应浙江省立第六师范之聘到台州去教书。

六月　和周作人、俞平伯、徐玉诺、郭绍虞、叶圣陶、刘延陵、郑振铎等八人的诗集《雪朝》印行。

九月　携眷到台州六师教书。

十一月七日　在给俞平伯的信中确定了今后的生活态度。

十二月九日　长诗《毁灭》写完。

"湖畔诗社"于杭州成立，出版《湖畔》诗集等。

1923年　二十六岁

寒假后　就聘浙江省立第十中学（兼师范部）国文教员，到温州。

四月二十八日　作小说《笑的历史》。

八月　和俞平伯同游秦淮河。

秋后　到温州十中教书。

十月十一日　作《桨声灯影里的秦淮河》一文。

十一月八日　二女儿朱逖先生于温州。

十一月十七日　作论文《文艺的真实性》。

1924年　二十七岁

二月　开始写《温州的踪迹》。

三月　诗《别后》发表。

148

四月十五日　写诗《赠友》。

四月　《温州的踪迹》写完。

七月二日　从上海前往南京,准备参加在东南大学召开的中华教育改进社第三届年会。

八月　决定离开温州十中,就聘浙江省立第四中学国文教员。

九月九日　到宁波四中师范部。夏丏尊来信,约到白马湖春晖中学教书。

九月十九日　在宁波四中讲"我们对于文学的态度"。

九月二十三日　乘车往白马湖春晖中学。在四中及春晖中学两校教书。

十月二十九日　偕学生旅行到杭州,会见俞平伯。

十一月　春晖中学起风潮,学校提前放寒假。

十一月十二日　诗与散文集《踪迹》印行。

1925年　二十八岁

二月十五日　散文《女人》写毕。

五月九日　作散文《"海阔天空"与"古今中外"》。

五月三十一日　次子朱闰生生于白马湖。

六月十日　为"五卅"惨案作《血歌》。

六月十九日　作散文《白种人——上帝的骄子!》。

七月二十日　作散文《飘零》。

八月　赴清华大学任教授。

十月二十日　发表诗《我的南方》一首。

十一月二十日　发表《子恺漫画代序》一文。

1926年　二十九岁

一月　作散文《阿河》。

一月十八日　参加"三一八"游行示威。以极端愤怒的心情写成《执政府大屠杀记》一文。

四月二日　写《哀韦杰三君》一文。

八月二十七日　作论文《白采的诗》。

暑后　作《白采》一文。

十一月十日　作《子恺画集跋》一文。

十二月二十二日　论文《熬波图》写完。

1927年　三十岁

一月　自白马湖接眷北上,住清华园西院。

二月五日　论文《新诗》发表。

六月　作拟古诗《行行重行行》《青青河畔草》《西北有高楼》《迢迢牵牛星》等。

七月　作《荷塘月色》一文。

|　149　|

《经典常谈》阅读指导

暑假以后　教"普通国文"与"古今诗选"两门课。

九月二十七日　作《一封信》一文。

十月十一日　作《唱新诗等等》一文。

十月　写散文《背影》。

1928年　三十一岁

一月十一日　三女儿朱效武生于北平。

二月七日　《那里走》一文写完。

五月九日　写学生李芳诗集《梅花》后记。

五月三十一日　为罗香林君搜集的客家歌谣《粤东之风》作序。

六月二十四日　散文《儿女》写毕。

七月三十一日　写散文集《背影》序。

十月　第一本散文集《背影》印行。

十一月二十二日　写李绿园著的长篇小说《歧路灯》的书评。

十二月四日　作《给一个兵和他的老婆的作者——李健吾先生》一文。

十二月七日　在中国文学会成立大会上演讲,题目是"杂体诗"。

十二月十九日　写俞平伯的《燕知草》序。

1929年　三十二岁

二月　写老舍的《老张的哲学》与《赵子曰》的书评。

七月十四日　作《白马湖》一文。

十一月二十六日　夫人武钟谦因病逝世。

1930年　三十三岁

四月　作《看花》一文。

七月　作《我所见的叶圣陶》及《叶圣陶的短篇小说》。

暑假后　代理清华中国文学系主任,并在燕京大学兼课。

九月二十八日　论文《论中国文学选本与专集》一文写成。

1931年　三十四岁

三月　作《论无话可说》一文。

六月、七月间　与陈竹隐在北京订婚。

八月　留学英国,《论中国诗的出路》一文发表。

八月二十二日　由北平起程游欧。

十月八日　《西行通讯》写毕。

十一月十五日　第二篇《西行通讯》写毕。

1932年　三十五岁

四月　为朱光潜的《谈美》作序。

五月、六月　和柳无忌夫妇在欧陆漫游。

150

七月七日　由威尼斯起程回国。

八月四日　与陈竹隐在上海结婚。

九月三日　返抵清华大学,住北院九号。任中国文学系主任。

开学后,仍讲授"诗""歌谣""中国新文学研究"三门课程。

十月　写《给亡妇》一文。

1933 年　三十六岁

二月　作《读书笔记》一文。

四月　作《与黄晦闻先生论清商曲书》。

七月一日　作散文《哀互生》及《新诗歌旬刊》的述评。

八月二十五日　作《你我》。

八月二十六日　四子朱乔森生于北平。

九月　在新学期讲授"陶诗"。

十一月　应钱玄同之约,到师大兼课。

1934 年　三十七岁

一月一日　《文学季刊》创刊,为编辑人之一。

二月　开始讲李贺诗。

三月　作《择偶记》一文。

四月一日　书评《子夜》一文发表。

四月　写《欧游杂记》自序。

五月　为夏丏尊、叶圣陶二君合著的《文心》作序。又作《陶渊明年谱中的问题》一文。

九月二十日　散文杂志《太白》创刊,为编辑人之一。

十月　评《郭绍虞中国文学批评史上卷》一文发表。

十一月十二日　《文言白话杂论》一文发表。

十一月二十日　《说扬州》一文发表。

十二月　写《你我》自序。

1935 年　三十八岁

一月二十六日　在北平女子文理学院作题为"白话与文言"的演讲。

五月二十三日　乘火车赴天津南开中学讲演。

六月六日　整理在南开大学英文学会的演讲稿《语文杂谈》,付《人生与文学》发表。

七月　起手编选《新文学大系》的《诗集》。

八月十一日　《新文学大系·诗集·导言》写毕。

九月十日　《李贺年谱》校正完毕。

1936 年　三十九岁

二月一日　《再论"曲终人不见,江上数峰青"》一文发表。

三月　杂文集《你我》印行。

《经典常读》阅读指导

暑假后　讲授"中国文学批评"一门新课程。

十一月十一日　写《清华园的一日》。

十一月十七日　与冯友兰等同至绥远慰劳抗敌官兵。

十二月十五日　清华大学举行教授会,议决"通电中央请明令讨伐张学良,当场推举起草委员七人"。朱自清被推为召集人。

1937年　四十岁

八月五日　日军占领清华园。朱自清夫妇准备南下。

九月二十二日　只身离北平。

十月四日　到达清华、北大、南开三校联合组成的长沙临时大学。仍主持中文系。

十一月三日　自长沙赴南岳。

十一月八日　在南岳图书馆竟日查书,为"沉思翰藻说"一文搜集材料。后来成《文选序"事出于沉思义归乎藻"说》一文。

1938年　四十一岁

二月　临时大学准备迁往昆明。与冯友兰等一起经桂林去昆明。

三月十四日　抵昆明,住拓东路迤西会馆。

四月四日　动身去蒙自。

九月三日　自蒙自赴昆明。

十一月八日　联大开始上课。讲"文学批评"。

1939年　四十二岁

二月六日　《蒙自杂记》一文写成。

三月二十八日　《评〈宋诗精华录〉》一文发表。

四月十三日　为刘兆吉编的《西南采风录》一书作序。

六月六日　《论"以文为诗"》一文写成。

九月三日　移居昆明北郊黎院村。

十月二十日　《中国散文的发展》一文发表。

寒假　因为健康关系,辞联大中文系主任。

1940年　四十三岁

一月十日　参加浦江清先生邀集的茶会,决定编辑《国文月刊》。

六月十六日　《文字改革》一文发表。

1941年　四十四岁

八月初　应成都文协分会主办的暑假文学研究会之请,作题为"文学与新闻"的讲演。

八月二十八日　开始写《外东消夏录》。

十一月三日　自黎院村旧寓搬运书籍衣物到司家营文科研究所,并居于此。

1942年 四十五岁

一月一日 发表《三祝报章文学》一文。

二月二日 作《经典常谈》一书自序。

三月 在联大师范学院作题为"了解与欣赏"的讲演。

暑假后 讲授"文辞研究"一门新课程。

1943年 四十六岁

三月 写《伦敦杂记》一书自序。为王力的《中国现代语法》一书写序。

四月 为马君玠诗集《北望集》作序。

七月四日 往西山,参加夏令营演讲。

暑假后 讲授谢灵运诗。

1944年 四十七岁

七月八日 自昆飞渝。

七月十三日 自渝动身赴蓉。

九月二十八日 自蓉飞渝。

十月一日 自渝飞昆。开学后,除在联大授课外,还在私立五华中学兼任国文教员。

十月二十一日至二十三日 写《新诗杂话》一书自序。

十二月十六日至十八日 写《诗言志辨》一书自序。

1945年 四十八岁

五月二十九日 参加联大国文学会欢送毕业同学会。

六月十六日 参加五华中学学生举办的诗歌朗诵会。

八月十五日 日本无条件投降的消息传到成都,朱自清闻讯兴奋,直到深夜未睡。

八月底 自成都飞回昆明,准备上课。

十二月一日 "一二·一"惨案发生。二日下午,学生举行四烈士装殓仪式。未往,"但肃穆静坐二小时余,谴责自我之错误不良习惯,悲愤不已"。

1946年 四十九岁

四月四日 就任清华中国文学系主任。

五月三日 参加"五四"文艺晚会,并演讲。

六月十八日 到成都家中。

七月十五日 闻一多遇刺于昆明,朱自清极为愤慨。

七月二十一日 参加西南联大校友会主开的闻一多追悼会,致词,述闻一多在中国文学研究上的成就。

八月一日 在灵岩书院讲演,题为"现代散文的发展"。

八月十六日 作《挽一多先生》诗一首。

八月十八日 成都各界人士举行李闻惨案追悼大会,朱自清不顾安危,前往报告闻一多生平事迹。

《经典常谈》阅读指导

十月七日　夫人及子女三人自重庆飞抵北平,住国会街北京大学四院。

十月　主编《新生报》副刊《语言与文学》,并准备每周写一篇《周话》。

十月十九日　写《语言与文学》作为该刊的发刊词。

十一月　清华大学梅贻琦校长聘请朱自清等七人组成"整理闻一多先生遗著委员会",指定朱自清为召集人。

十二月十日　参加"文艺与现实"讨论会。开始整理闻一多先生遗稿。

1947年　五十岁

二月二十一日　作《文学的标准和尺度》一文。

四月九日　清华新诗社分社举行"诗与歌"晚会,朱自清作题目为"闻一多先生与诗"的演讲。

四月十一日　在清华文法讲讨室应通识学社邀请讲演,题目为"谈气节"。

四月二十八日　《论通俗化》一文发表。

五月五日　参加清华五四文艺晚会,作题为"论严肃"的演讲。

五月十九日　作《论标语口号》一文。

五月二十四日　签名呼吁和平宣言。

五月　题旧作拟古、律绝、词等曰《敝帚集》。

六月一日　《古文学的欣赏》一文发表。

七月二十六日　参加文艺座谈会,讨论诗的阶级性问题。

七月　写《闻一多全集编后记》。

八月　写《闻一多全集序》。

十二月十二日　应通县潞河中学邀请讲演。

十二月　写《标准与尺度》的自序。《论不满现状》一文发表。

1948年　五十一岁

一月　胃病又发,整夜皆呕吐酸水,不能进食。

一月十七日　《论只顾眼前》一文发表。

一月二十三日　写文艺论文集《论雅俗共赏》一书自序。

二月二十四日　答复吴景超不拟加入"新路"。

三月　写《语文影及其他》一书自序。

七月九日　开明国文教本第一册注释完毕。同日签名抗议北平当局"七五"枪杀东北学生事件。十五日出席闻一多先生遇难两周年纪念会,报告闻集编辑经过。

七月三十日　开始写《论白话》一文。

八月　朱自清于贫病交迫之中逝世。

|154|